Liderazgo infinito

Liderazgo infinito

Impulsando equipos hacia el éxito

JOSÉ MARCILLA

G2000

Gestión 2000 es un sello editorial de Centro de Libros PAPF, SLU.
Av. Diagonal, 662-664
08034 Barcelona
www.planetadelibros.com

Primera edición: junio de 2024
Depósito legal: B. 8.593-2024
ISBN: 978-84-9875-577-0
Composición: Realización Planeta
Impresión y encuadernación: Huertas Industrias Gráficas, S. A.
Printed in Spain - Impreso en España

PEFC Certificado
Este libro procede de bosques gestionados de forma sostenible
PEFC
PEFC/14-38-00305
www.pefc.es

Para Violeta y José, mis hijos;
daría mi vida por vosotros,
os quiero infinitamente.
Sed siempre buenas personas.

Sumario

Prólogo

Qué difícil se hace escribir un prólogo que no será uno más en el imposible mar de todo lo que, inexplicablemente, se publica cada año. Luchar por existir es el objetivo existencial de toda obra. Que ésta sea buena no significa que tenga éxito. De hecho, acostumbra a ocurrir lo contrario; pero olvida la anterior sentencia, pues ha sido redactada por alguien que ha escrito 42 libros, que cree buenos, cosa que el público no ha corroborado con sus compras; o sea, la envidia del escritor sin éxito no es buena musa para el prologuista...

Además, éste tiene que dejar bien al libro, y al autor, obviamente. No he leído aún un prólogo en el que se hunda al libro en cuestión, y en el que se explique, desde la evidencia, que el autor no sabe de lo que habla. Es una especie de paradoja: se pide prologar una obra con ecuanimidad, con racionalidad (sirve o no sirve, está bien escrita o no...), cosa que deviene imposible porque el prologuista se debe, en el grado que determine, al autor.

Por tanto, si tenemos en cuenta que los buenos libros no necesariamente se venden, y que los prologuistas no son lo más fiable del mundo (a la hora de discernir el interés o no), tengo muy difícil convencerte, desde la máxima honestidad, de que lo que vas a leer es muy bueno.

Además, el tema es el *liderazgo*. Sobre liderazgo se deben escribir quizá más libros que sobre autoayuda (y, sin duda, más que sobre computación cuántica). Entonces, ¿cómo se puede determinar que un libro sobre liderazgo es algo destacable entre la mayúscula producción sobre este tema que se publica cada año?

La verdad es que no tengo una respuesta científica. Creo que los indicadores (KPI) de un buen libro de liderazgo no derivan de lo bien que ha cumplido el autor los OKR que se había impuesto. Además, los ROI de leerlo seguramente dependen más de la situación personal e instantánea del lector que del *state-of-the-art* del *management* del momento (y con esto creo haber agotado ya el cupo de anglicismos que puedo usar en estas breves páginas).

En definitiva, un libro es bueno (aporta valor) para alguien dependiendo de una determinada situación. No hay valor objetivo que valga para cualquiera y en cualquier momento. Habrá personas que conecten de inmediato con la obra («por fin alguien ha escrito lo que vivo»), en una suerte de lo que los japoneses llaman *enishi* (una relación a la que estás destinado). O sea, algunos lectores descubrirán al leer el libro que éste estaba allí esperándolos para sintonizar con ellos.

Un libro sirve, ayuda, educa, si quien lo lee quiere ser servido, ayudado y educado. Hay que bajar las defensas de lo que uno ya sabe, para dejar entrar la marea de lo que el autor propone. Pero no siempre hay que bajar las compuertas: hay autores contra los que hay que construir murallas inmensas, impenetrables a sus palabras confusas. Nos protegemos en demasiadas ocasiones (es culpa de los editores que hoy publican cualquier cosa). Por eso, abrirse a explorar el texto de un autor que no conocemos, y con lo vacunados que estamos contra la verborrea en gestión, requiere de un cierto impulso. O sea, un libro bueno tiene que luchar contra el exceso de libros publicados (muchos de ellos muy malos).

Pues aquí es donde reside mi función como prologuista. Te animo a bajar las compuertas anti-verborrea-en-liderazgo para adoptar una actitud optimista, curiosa, abierta, para sintonizar con las experiencias que José Marcilla comparte.

Éste es un texto escrito desde la experiencia. Es la vida de un profesional que ha esculpido su existencia en la difícil tarea de liderar personas (en equipos, normalmente, pero no siempre).

Que ha incorporado ideas de otros, las mejores, que ha filtrado de entre muchos modelos y métodos, y que ha combinado con su sentido común, y con su destilado de «saber hacer», por el que convierte lo que vive cada día en herramientas para hacer su trayectoria (profesional y personal) mejor.

José es un profesional muy consciente del valor del tiempo (uno de los mejores regalos que le hicieron llegó de su mujer, que le dejó tiempo de calidad para poderse preparar para un Ironman...). Por tanto, sabe que tú no puedes perderlo. Lo que te explicará tiene una razón de ser, y te llegará en el momento en que más te conviene leerlo, en ese punto exacto del desarrollo del texto. No usará más palabras que las que sean necesarias y, de ésas, un buen porcentaje no serán meras ideas, sino experiencias que él (y sus equipos) han vivido, de verdad.

El prologuista debe ahora callar. El liderazgo no es mi tema (aunque he leído tanto sobre él...). Pero no hay que ser un gran experto para entender cuando un libro es útil, dice algo nuevo, y está, sobre todo, pensado por el autor con una voluntad máxima de aportar algo con humildad y sentido de servicio. José entiende que el futuro no es un lujo. Está constantemente interesado por lo que viene, por cómo debemos cambiar la forma en la que gestionamos las organizaciones, para responder más rápidamente a los cambios del entorno, siendo así más y mejores *resolvedores* de los problemas de las personas.

Hasta ahora José Marcilla ha hecho de su curiosidad por el aprendizaje nuevas y mejores formas de liderar, un componente fundamental para su profesión. Hoy ha decidido hacer una vez más uso de su generosidad para compartir lo que sabe.

Yo se lo agradezco. Ya me lo dirás tú cuando termines (porque, por favor, ¡debes terminarlo!, no hagas como con otros libros; te aseguro que el final puede ser la guinda que estabas buscando...).

ALFONS CORNELLA,
cofundador de Edgers

Preludio

En este libro he querido reflejar mis más de veinticinco años de experiencia laboral liderando equipos en cinco países diferentes (España, Italia, Estados Unidos, Argentina y Suiza). Lo que he escrito se basa exclusivamente en mi experiencia y no corresponde a ningún modelo teórico. Algunas de mis reflexiones podrán ser acertadas, y habrá otras con las que el lector no estará de acuerdo, pero son el resultado de muchas vivencias y pensamientos. Mi objetivo no es convencer, sino despertar el pensamiento crítico e invitar a la reflexión. Las opiniones que expreso son mías y no tienen por qué corresponder con las de Novartis, la empresa para la que trabajo desde 2001. Y algunas de las situaciones que describo pueden estar adaptadas con el objetivo de transmitir de manera efectiva lo que deseo comunicar.

Lo que me gustaría con este libro es ayudar a personas a liderar de una forma diferente, alineada con mi propósito de desarrollar líderes para mejorar el mundo, para crear un impacto positivo en la sociedad. Me gustaría estimular la formación de una nueva generación de líderes que lleven su corazón al trabajo y que aspiren a crear un legado que perdure en el tiempo. Eso es lo que llamo un «liderazgo infinito», con un enfoque humanístico, creando valor más allá de la tecnología y la inteligencia artificial.

Desde aquí quiero invitar al lector a encontrar su estilo de liderazgo, a soñar con crear un mundo mejor y a no ponerse límites para desarrollar todo su potencial.

Introducción

El mundo necesita nuevos líderes

En la actualidad nos encontramos en un contexto de transformación exponencial en el que de forma simultánea se están produciendo dos revoluciones al mismo tiempo. Por un lado está la revolución tecnológica, que ha permitido la aparición de nuevas tecnologías como el *machine learning* (o aprendizaje automático) y la inteligencia artificial, y por otro lado está la revolución biomédica, producida principalmente gracias al descubrimiento del genoma humano junto con el aumento de la esperanza de vida (que probablemente llegará hasta los cien años en las próximas dos décadas). Todo ello va a provocar un cambio social, económico y laboral sin precedentes.

Hasta ahora, los cambios en la historia se han producido de forma lineal, pero a partir de este momento serán exponenciales. Sin embargo, la mente de los seres humanos no se encuentra preparada para ello.

Por ejemplo, si jugara 18 hoyos al golf con un golfista profesional y en el primer hoyo apostáramos 1 euro a ver quién ganaba, y fuéramos doblando la apuesta hasta el hoyo 18, ¿te imaginas cuánto dinero llegaría a perder? Es decir, perdería 1 euro en el primer hoyo, 2 euros en el segundo hoyo, 4 euros en el tercer hoyo (con lo que llevaría perdidos 7 euros en 3 hoyos).

Al cabo de 18 hoyos sin ganar, ¡la cantidad perdida sería de 216.000 euros! Probablemente la mayoría no hayáis podido imaginar tal cifra al ser una evolución exponencial.

Los mayores logros en la historia de la humanidad se han dado gracias al liderazgo de personas que pensaron que algo no era imposible, gente que consiguió que otros la siguieran para lograr desafíos que nunca se habían completado, individuos capaces de inspirar y desarrollar a quienes los rodean y que lideran para generar un impacto positivo en el mundo. Hablo de líderes humanistas, con valores y profundamente éticos, que logran los mejores resultados empresariales.

El escritor Albert Espinosa siempre dice que «entre *creer* y *crear* sólo hay una letra de diferencia». Si lo puedes creer, lo podrás crear.

A partir del año 2020, y desencadenado por la pandemia de la COVID-19 que provocó cambios en nuestras prioridades de vida y forma de trabajar, hemos sido testigos de un fenómeno sin precedentes denominado «la gran dimisión». El número de empleados que consideran la posibilidad de abandonar a sus empleadores nunca había sido tan alto (es del 40 por ciento), y lo más sorprendente es que un 64 por ciento de ellos lo consideran sin siquiera disponer de otro trabajo alternativo.

Todos los años, el Instituto Gallup publica un estudio llamado «State of the Global Workforce», y las conclusiones de 2022 son impactantes:

- Sólo el 32 por ciento de los empleados está comprometido con su empresa, siendo este porcentaje el más bajo de los últimos años en que se ha realizado la encuesta.
- El 63 por ciento de los trabajadores no está motivado y no realizará ningún esfuerzo extra por su compañía.
- Únicamente al 13 por ciento de las personas les gusta ir a trabajar.
- El 82 por ciento de la gente no confía en sus jefes.
- Sólo el 25 por ciento de los trabajadores piensa que posee un buen líder.
- La antigüedad media de los profesionales ha descendido

de 4,7 años en 2014 a 4,2 años en 2022, siendo en los jóvenes de 25-35 años de tan sólo 2,8 años.

Resulta interesante también que, en la actualidad, el 50 por ciento de las compañías que aparecían en el año 2000 en el ranking de Standard & Poor's de Estados Unidos hayan desaparecido.

En mi opinión, las cifras anteriormente mostradas reflejan el estilo de liderazgo de muchos directivos en las corporaciones. Se trata de un modelo basado en paradigmas de la década de 1970, cuando comenzó la «era del *management*». Se gestionaba de forma jerárquica, priorizando la obtención de resultados financieros sin importar el cómo. Las personas eran simplemente un recurso que había que maximizar para que fueran lo más productivas posible. Era una forma de liderar que funcionó en el pasado, pero que no se ha adaptado a los cambios sociales, tecnológicos y económicos que estamos experimentando, como podemos observar por los datos presentados.

En el libro *Rehumanizing leadership: putting purpose and meaning back into business* escrito por Sudhanshu Palsule y Michael Chavez, se describen precisamente los cinco principales comportamientos de este tipo de liderazgo:

- **Control**: foco en la eficiencia, la estabilidad y el orden.
- **Poder**: decisiones centralizadas sin empoderamiento de los empleados.
- **Acción**: adicción a la implementación del mayor número de actividades.
- **Experiencia**: apoyarse en el pasado para predecir el futuro.
- **Agotamiento**: exceso de horas de trabajo y falta de descanso de los trabajadores.

La clave se halla en realizar un buen diagnóstico de las razones que explican las cifras y los comportamientos anteriores, pero parece evidente que se necesita un cambio radical en la forma en la que los ejecutivos han estado dirigiendo las corporaciones. De la misma forma que hemos sido testigos de diversas disrupciones en el mundo empresarial que han transformado totalmente los modelos de negocio tradicionales —como, por ejemplo, en la música con la aparición de Spotify o en el transporte con Uber—, lo mismo debería ocurrir con el modelo de liderazgo actual. El estilo de liderazgo que observamos en muchos de nuestros jefes en el pasado, y para el que probablemente nos educaron, está totalmente caducado. Por ello, debemos preparar de forma diferente a una nueva generación para que lidere desde otra dimensión.

Se requiere una nueva forma de dirigir personas, equipos y compañías que, con un propósito inspirador, potencie la creación de valor, y no sólo para la empresa, sino para la sociedad. Se precisan directivos que se centren en crear culturas organizativas que permitan crecer a los que los rodean, y que, por tanto, hagan crecer a sus empresas; líderes humanísticos, visionarios e innovadores, con la voluntad de llevar a la humanidad a los mayores niveles de bienestar de la historia y dejar un legado a las generaciones posteriores.

Hablo de un nuevo liderazgo tremendamente ético, que inspirará sobre todo con el corazón, y no tanto con la mente, de personas que fomentarán y gestionarán con éxito los cambios, afrontando riesgos y trabajando en ecosistemas con otros socios, liderando siempre con el ejemplo, siendo auténticos y con valores que reflejarán cada día en su manera de actuar —por cierto, con un nivel de autoexigencia mayor del que esperen de los demás.

En este libro compartiremos las claves para aumentar el compromiso de los empleados con sus empresas, crear equipos de alto rendimiento y fomentar la curiosidad en las organizaciones. Explicaremos cómo llevar el corazón al trabajo y cómo, sobre todo, y a través de la innovación, alcanzar resultados excepcionales. Todo ello con un equilibrio entre la vida profesional y personal.

Es un nuevo liderazgo para el que no existen los *imposibles*, en el que no hay límites..., y sólo depende de ti. Esto es lo que yo denomino *liderazgo infinito*.

1

¿Cuándo te conviertes en un líder?

> Ojalá hubiera más como tú. Mi vida sería mucho más fácil.
>
> OSCAR WILDE, escritor

Existen muchos libros sobre liderazgo, y cada uno de ellos suele proporcionar una definición sobre lo que significa. Es un concepto muy amplio del que existen diferentes visiones, por lo que probablemente no exista ninguna definición perfecta. Me identifico especialmente con la descrita por John Quincy Adams: «If your actions inspire others to dream more, learn more, do more and become more, you are a leader» («Si tus acciones inspiran a otros a soñar, aprender, hacer y crecer más, tú eres un líder»).

Si tuviera que dar yo una definición, diría que el liderazgo es conseguir inspirar a personas para que te sigan y alcancen retos que ni ellas mismas podían imaginar.

Como sabemos, existen muchos tipos de liderazgo (visionario, pragmático, directivo...), y no hay ninguno perfecto, cada uno tiene sus ventajas e inconvenientes. Por ejemplo, un líder visionario puede resultar muy inspirador y estratégico, pero quizá no preste excesiva atención a la importancia de obtener resultados a corto plazo.

La clave radica en adaptar tu estilo de liderazgo a la situación en la que te encuentras. Eso se denomina «liderazgo situacional».

Para diagnosticar rápidamente el marco general en que te estás moviendo, siempre me ha resultado muy útil el libro *Los primeros 90 días: Estrategias de éxito decisivas para nuevos líderes*, de Michael Watkins. En esta obra se describen las cuatro situaciones que encontrará un ejecutivo cuando comienza en un nuevo cargo, y que determinarán su manera de liderar. Las resume en un modelo denominado STAR:

- ***Start-up***. Te contratan para crear un departamento nuevo en una empresa (por ejemplo, el departamento digital) construyendo todo desde el inicio.
- ***Turnaround***. El equipo ha cosechado malos resultados durante cierto tiempo y debes conseguir que rápidamente vuelva a alcanzar los objetivos.
- ***Accelerated growth***. El directivo comienza en un rol en el que el equipo o la compañía han sido exitosos; el reto es mantener este buen hacer en el futuro y llevar la organización al siguiente nivel.
- ***Realignment***. En este escenario, el equipo que vas a dirigir necesita un cambio de estrategia o de enfoque (por ejemplo, cuando se ha producido una variación significativa en el mercado o la entrada de un nuevo competidor).

El libro de Watkins ofrece una serie de recomendaciones sobre buenas prácticas de liderazgo y sugerencias de comportamientos deseados para cada una de estas situaciones.

En el campo de la medicina se dice que lo más difícil no es proporcionar el mejor tratamiento a un paciente, sino realizar el mejor diagnóstico. En la gestión de equipos sucede algo parecido: es crítico realizar un análisis acertado sobre cuál es el contexto para adaptar tu estilo de liderazgo.

En una ocasión, siendo director de Unidad de Negocio en España, me encontré con un claro escenario de *turnaround*... No se estaban alcanzando los objetivos de ventas, los comerciales no cobraban los incentivos y entraba en el mercado un nuevo competidor. Reinaba un ambiente de desconfianza entre los distintos departamentos. La gente quería cambiar a otras unidades de negocio, o bien marcharse de la compañía. Sobre todo, les faltaba ilusión, confianza y creer en ellos mismos.

En esta situación, por ejemplo, Michael Watkins recomienda tomar decisiones rápidas, aun a riesgo de equivocarte, y modificar la estrategia sin esperar a poseer todos los análisis que necesitarías en un escenario más estable. Propone despedir rápidamente a aquellos que el líder perciba que no volverán a estar comprometidos con el proyecto. En definitiva, se trata de asumir riesgos para cambiar la dinámica del grupo antes de que sea demasiado tarde.

Esto es precisamente lo que implementé con aquel equipo. Nos funcionó. En menos de seis meses volvimos a crecer en ventas, ganar cuota de mercado y conseguir que fuera un orgullo trabajar en esta Unidad de Negocio. Cometimos errores al operar con mucha velocidad en todas las áreas, pero, claramente, los beneficios de este enfoque fueron superiores a haber tomado decisiones más pausadas.

En otras ocasiones, por ejemplo cuando trabajé como director general, me encontré con el escenario de *sustaining success*. En aquel caso era una organización que funcionaba bien, con gente de mucho talento y que superaba las expectativas de la compañía. En este tipo de situaciones, el libro recomienda por el contrario no tomar decisiones de forma precipitada ni realizar cambios inmediatamente. Sugiere dedicar suficiente tiempo a entender el negocio, la cultura y por qué las cosas se realizan de una determinada manera. Es después de un exhaustivo análisis estratégico y de una reflexión con el equipo de liderazgo cuando deberías determinar las áreas de mejora y hacer progresivamente los cambios.

Siendo la misma persona, mi forma de liderar fue totalmente distinta en el primer caso y en el segundo, ya que la adapté a cada uno de los dos contextos anteriormente explicados. Probablemente, si preguntaras al equipo que tenía cuando era director general sobre mi estilo de liderazgo, te dirían que fui una persona que escuchaba mucho, que buscaba el consenso para tomar decisiones y que promovía la implementación de cambios de forma gradual. En contraste, el *feedback* del grupo de la Unidad de Negocio diría que realicé transformaciones rápidas, asumiendo muchos riesgos y sin alinear a muchas personas con las decisiones.

En definitiva, no existe una forma ideal de liderar, la clave es adaptarla al contexto en el que te encuentres.

Además de este liderazgo situacional, mi recomendación a los futuros líderes es que posean un estilo que sea único, reconocible y con el que se encuentren cómodos según su personalidad y sus valores. Siempre con el objetivo de que sea memorable, un estilo en el que tus prioridades estén claramente definidas y con el que se obtengan los mejores resultados. Tu equipo ha de comprender lo que esperas de él, qué te agrada y qué te disgusta. La indiferencia es de las peores características que se pueden atribuir a un ejecutivo.

Liderar buscando agradar a todo el mundo es un método que suele llevar al fracaso. La crítica como líder es algo que debes esperar, no temer. Y de la que se puede aprender. Nunca he tenido miedo de asumir mi responsabilidad y actuar pensando en qué es lo mejor para la compañía y sus accionistas. Este comportamiento puede acarrear cierto descontento en algunos empleados, pero aquí radica la habilidad del líder para minimizarlo todo lo posible.

Soy consciente de que poseo seguidores de mi estilo de liderazgo, pero igualmente detractores. Aunque parezca extraño, creo que esto es positivo, pues confirma que poseo un estilo marcado y propio. Por supuesto que me encantaría agradar al mayor número de personas posible, pero liderar implica tomar decisiones difíciles o poco populares, afrontar de inmediato los problemas o entablar conversaciones complicadas. Cuando he cambiado de cargo, siempre he esperado que haya una mayoría descontenta porque me voy, pero también que haya algunas personas felices por esta misma razón. Esto es un indicador de que he conseguido crear impacto.

En su primera rueda de prensa en 2015, cuando comenzó su etapa en el Liverpool F. C., Jürgen Klopp, uno de los mejores entrenadores de fútbol del mundo, dijo algo que me fascinó: «No es importante lo que la gente piensa de ti cuando llegas a un lugar, lo más importante es lo que piensan cuando te marchas». Una gran reflexión de lo que es el liderazgo y el legado.

1.1. De contribuidor individual a líder

Personalmente creo quc la transición más difícil en una carrera profesional es el momento en el que pasas de ser un contribuidor individual (o, a continuación, a gestionar un equipo de personas) a convertirte en un auténtico líder. Se trata de una metamorfosis que sucede normalmente en tres fases; de experto en un departamento pasas a jefe, para finalmente, si lo logras, transformarte en un líder.

Creo que todos los líderes hemos trascurrido por estas tres etapas. En mi caso empecé en el área comercial, convirtiéndome con el tiempo en un experto en marketing y ventas. La primera vez que gestioné un equipo fue en el año 2008 en Estados Unidos, precisamente en el departamento de ventas. Cometí muchos errores y, echando la vista atrás, veo que actué por supuesto como un jefe, y no como un líder. Me acuerdo de que mi prioridad era conseguir los mejores resultados y no dedicaba tiempo a desarrollar las otras dimensiones del liderazgo. Curiosamente, una reestructuración de la empresa en 2009 que provocó que me cambiaran de equipo de ventas fue una oportunidad para «empezar de cero» y corregir muchos de los errores que había cometido. Fue en ese momento cuando, tras más de un año de duros aprendizajes, empecé realmente a liderar un grupo.

Un aprendizaje que tuve de aquel cambio fue darme cuenta de que, cuando bajo tu gestión un equipo adquiere ciertos hábitos, como, por ejemplo, no enviar algunos informes en la fecha acordada, es difícil reconducir dichos hábitos si ha pasado cierto tiempo. En cambio, cuando empiezas con un equipo nuevo, aunque eso plantee algún inconveniente, como el hecho de tener que conocer en profundidad desde cero a todos sus miembros, tienes la oportunidad de definir con claridad desde el principio tus expectativas, tu forma de trabajar y tus temas innegociables (y negociables).

El liderazgo no es una ciencia, sino un arte, y es lo más complicado que existe en el mundo empresarial. Hay un pensamiento de Albert Einstein relacionado con esta información: «La teoría es cuando todo se sabe pero nada funciona. La práctica, cuando todo funciona pero nadie sabe por qué». La teoría sobre cómo liderar con éxito probablemente la conozcamos todos, pero, como hemos demostrado con los datos anteriormente expuestos, no funciona en todos los casos. Sin embargo, la práctica y el aprendizaje constante son la clave para convertirte en un directivo admirado.

Una de las preguntas que hago a alguien de la audiencia en mis charlas de liderazgo es: «¿Por qué quieres ser un líder?». Las respuestas son siempre variadas; algunas son inspiradoras, como, por ejemplo, cuando dicen que quieren luchar contra la pobreza infantil, y otras no lo son tanto, tipo «me lo ha dicho mi jefe» o «por ganar más dinero». En mi opinión, necesitas poseer una fuerte motivación interior y el valor para dar este paso tan importante de dejar de ser un actor secundario para convertirte en protagonista.

Al hilo de este tema, existe un artículo titulado «How managers become leaders», escrito por Michael Watkins, quien describe precisamente las «7 transformaciones» que se producen en los *managers* cuando se convierten en verdaderos líderes. Echando la vista atrás, me veo reflejado en muchas de estas evoluciones.

- ***Specialist to generalist*** (**'de especialista a generalista'**). Ésta es la transición que sucede cuando ya no se espera que conozcas todas las respuestas de una determinada área funcional, sino que dispongas de un conocimiento interdisciplinar que te permita realizar las preguntas adecuadas.
- ***Analyst to integrator*** (**'de analista a integrador'**). Pasar de ser un analista de datos a ser capaz de traducirlos en información relevante y que genere una ventaja competitiva.

- ***Tactician to strategist*** (**'de táctico a estratega'**). Como *manager*, sueles estar focalizado en completar en tiempo y forma los proyectos asignados. Tu pensamiento está dirigido a la acción y al corto plazo. Cuando, además de preocuparte por lo que ocurrirá en los próximos meses, empiezas a analizar las implicaciones a largo plazo de tus decisiones, probablemente estés convirtiéndote en un líder.
- ***Bricklayer to architect*** (**'de albañil a arquitecto'**). Los líderes poseen una mirada global de lo que ocurre en una organización. Están capacitados para construir visiones y objetivos a largo plazo, involucrando a todos los departamentos e inspirando a otros para que los sigan.
- ***Problem solver to agenda setter*** (**'de solucionar problemas a definir la agenda'**). Los *managers* suelen ser reactivos y van por detrás de los problemas. Por el contrario, los líderes los convierten en oportunidades. Son capaces de marcar las prioridades en la agenda de sus equipos. Lo urgente nunca quita espacio a lo importante.
- ***Warrior to diplomat*** (**'de guerrero a diplomático'**). En los inicios de mi carrera, reconozco que me involucraba activamente en muchos de los conflictos o discusiones que sucedían en mi empresa. Creía que esto era lo correcto, pues mi intención siempre era mejorar el negocio y que más pacientes pudieran acceder a nuestros tratamientos. A pesar de esta loable voluntad, frecuentemente lo que conseguía era crear disputas innecesarias o romper lazos con otros colegas a raíz de cuestiones que, vistas en perspectiva, no eran críticas o se podían solucionar de forma distinta a la que yo pensaba. Trabajando en Estados Unidos aprendí a *pick my battles* ('elegir mis batallas'); es decir, a expresar una opinión divergente sólo en los asuntos que considerara prioritarios o que no se encontraran alineados con los valores de la compañía. Siempre de una forma honesta y transparente, sin dañar la imagen pública de los demás y manteniendo las relaciones.
- ***Supporting cast member to lead role*** (**'de actor secundario a protagonista'**). Pasas a ser un líder cuando tomas

> un papel protagonista en la gestión de la empresa. Asumes la responsabilidad, incluso más allá de tu puesto de trabajo, y eres reconocido como un referente por las personas de tu organización.

Convertirte en un líder conlleva una gran responsabilidad por el impacto que tienes en la vida de los que te rodean. Nos encontramos siempre como en un balcón, expuestos constantemente a las miradas no sólo de nuestros equipos, sino también de la sociedad. Aunque no nos demos cuenta, la gente observa con suma atención todo lo que hacemos.

Por ejemplo, soy consciente de que, cuando llego a la oficina y camino hacia mi mesa (por cierto, una práctica que recomiendo es saludar con una sonrisa a todos los empleados mientras recorres el pasillo), aunque la gente esté con la vista puesta en la pantalla de su ordenador, muchos estarán mirándome de reojo. Incluso analizando la expresión de mi cara, o mi tono de voz si voy hablando por teléfono. Igualmente, cuando te encuentras en la cantina comiendo, se fijarán hasta en el menú que eliges.

Además de por sus trabajadores, los líderes son monitoreados por los clientes, proveedores y otros *stakeholders*. Con el desarrollo y la expansión de las redes sociales, actualmente se está mucho más expuesto, y debes ser muy cuidadoso con tu imagen pública.

1.2. ¿Has empezado a escalar la Segunda Montaña?

Además de cuando experimentas estas transformaciones, te conviertes en un verdadero líder cuando empiezas a escalar la «Segunda Montaña», un concepto que me explicó hace años mi amigo Ekki Kuppel, fundador de la consultora Sum People.

Tu carrera profesional comienza escalando lo que se denomina la «Primera Montaña». Ésta es la etapa en la que estás enfocado en lograr los mejores resultados posibles, en alcanzar promociones rápidamente, ganar más dinero, buscar el reconocimiento...

Tu prioridad eres siempre tú. Por esta fase te aseguro que hemos transitado todos, la diferencia es cuánto tiempo permaneces en esta Primera Montaña. En mi caso fue durante los primeros años de mi vida laboral, sobre todo en los que trabajé en el departamento de marketing. Sólo me preocupaba que el producto del que era responsable tuviera los mejores resultados posibles y de ser siempre el primero en todo. Lo demás me parecía irrelevante.

En un determinado momento de la vida, y aunque sea difícil de explicar por qué o cómo, te empiezas a dar cuenta de que tu satisfacción en el trabajo ya no viene de lo que hasta ahora te complacía. Pasas de querer ser el mejor del mundo a querer ser el mejor para el mundo. Disfrutas cuando sientes que estás desarrollando a tu equipo, cuando los ves promocionar, o bien disfrutas con el éxito de los demás más que con el tuyo propio.

Es en ese instante cuando estás comenzando a escalar la famosa Segunda Montaña. Únicamente en ese preciso momento es cuando puedes empezar verdaderamente a liderar equipos. Ese instante apareció en mi vida aproximadamente al cabo de un año de gestionar por primera vez un equipo de personas en Estados Unidos. Aunque en aquel momento desconocía este concepto, me identifico con las sensaciones que aparecen en este lugar.

Con el tiempo me he percatado de que existe una «Tercera Montana», todavía más allá. Es una etapa de tu vida profesional y personal en la que has descubierto, como dicen en la cultura japonesa, tu *ikigai*, o 'propósito'. Significa la intersección que se produce al combinar cuatro dimensiones: lo que te gusta hacer, en lo que eres bueno, por lo que te pueden pagar un salario y lo que el mundo necesita.

Es estando en esta Tercera Montaña cuando encuentras tu razón de ser, descubres cuáles son tus valores y lo que verdaderamente es importante. Te mueves en una longitud de onda diferente a la mayoría y lideras desde otra perspectiva mucho más holística, siendo consciente de que las consecuencias de tu gestión van más allá de tu propia empresa. Liderando ya no sólo desde la razón, sino sobre todo desde el corazón y la emoción. Aquí te afectan menos las críticas de la gente, y no te preocupas tanto por lo que piensen de ti. Eres tú, y no la empresa, el que marca tu camino y decide hacia dónde quieres dirigir tu desarrollo profesional.

En esta fase disfrutas cada instante, el ahora, las conversaciones o reflexiones con personas interesantes, las relaciones afectivas... Ya no piensas constantemente cuándo será tu próxima promoción o la cuota de mercado que deberás conseguir el año próximo. Tu vida cambia, y puedes también cambiar la de los que te rodean.

Hasta que no llegué a escalar esta Tercera Montaña no fui capaz de darme cuenta de lo que era para mí verdaderamente importante, cuáles debían ser mis prioridades en la agenda, para organizar mi tiempo en consecuencia. Fue entonces cuando descubrí mi propósito, *desarrollar líderes para mejorar el mundo*, que más adelante explicaré cómo lo encontré. Ésta es la razón que me animó a escribir este libro.

En esta Tercera Montaña estuve cómodo, por ejemplo, diciendo «no» a cargos o proyectos que me ofrecieron, pues no estaban alineados con mis prioridades o con mi propósito. Sin ningún miedo ni temor a las consecuencias, o a lo que la gente pudiera pensar. Simplemente ahora yo decido mi futuro.

1.3. Características de los mejores líderes

Uno de los tópicos más tratados en la bibliografía del *management* son las cualidades que predominan en los líderes más admirados. Existen muchos estudios, libros y artículos relacionados con este tema. Uno de los que más me gustan es el artículo «What sets successful CEOs apart», escrito por Elena Lytkina, Kim Rosenkoetter, Stephen Kincaid y Dina Wang; es un estudio sobre más de dos mil CEO y unos diecisiete mil ejecutivos en el que analizaron y definieron las cuatro competencias más comunes entre ellos:

- **Confiabilidad**: existe una relación directa entre lo que dicen y lo que hacen.
- **Velocidad**: implementan decisiones de forma rápida y con convicción.

- **Adaptabilidad**: son expertos en la gestión del cambio.
- **Impacto**: lideran para crear valor para los accionistas y para la sociedad.

Con base en mi experiencia trabajando en varios países y con líderes de diferentes estilos, si tuviera que describir las cinco aptitudes más frecuentes que he observado en los mejores directivos, serían las siguientes:

- Imaginar
- Liderar con impacto
- Creer en sí mismos
- Humanismo
- Gestión del cambio

Imaginar

Los mejores líderes son capaces de imaginar y crear lo que se denomina *moonshots* (que tanto alude a un lanzamiento a la Luna como a algo cuya consecución puede ser ardua). Un concepto que nació cuando John F. Kennedy, en su discurso en la Rice University de Estados Unidos, visualizó enviar a un hombre a la Luna. Desde entonces, *moonshot* hace referencia a un reto difícil de lograr, pero lo suficientemente estimulante como para poder alcanzarlo. Desafíos que tengan el potencial de mejorar el mundo. Tu habilidad para concebir *moonshots*, y después inspirar a la gente para que te siga, marcará el calibre de líder que podrás llegar a ser.

Muchos de estos sueños suelen empezar con un *what if...?* ('¿qué pasaría si...?') o con un *why not...?* ('¿por qué no...?'), o cuando alguien dice «eso es imposible». Francisco Ballester, presidente de la Región Internacional de Sandoz, me enseñó que siempre hay que pensar en grande y que no hay nada imposible. Si lo crees, lo podrás conseguir. Nunca abandones tus sueños.

Liderar con impacto

Los grandes líderes tienen claras sus prioridades y lo que quieren lograr. Aspiran a dejar huella después de su tiempo en este mundo. Comunican constantemente el legado que quieren construir, como Juan Roig, el fundador de Mercadona. En 2012 lanzó un proyecto llamado «Legado», para contribuir con su patrimonio personal al desarrollo de la sociedad con numerosas iniciativas en el ámbito del emprendimiento, la formación, la cultura o el deporte.

La primera vez que escuché hablar de este concepto fue cuando me nombraron director general de Novartis en Argentina. En mi primera reunión junto con el entonces jefe de Latinoamérica y Canadá, Andrés Graziosi, éste me transmitió su expectativa de que, cuando en el futuro me marchara de aquel maravilloso país, dejara un legado del que me sintiera orgulloso y que perdurara en el tiempo.

Xavier Marcet escribió un artículo extraordinario denominado «Construir legado», que resume muy bien su significado. Según Marcet, es aquello que el líder entrega en la carrera de relevos que es toda organización; puede ser un salto en el posicionamiento, en la forma de hacer, en una innovación que cambie las reglas del juego o en una nueva cultura. Los líderes que construyen legados con propósito saben que no pueden hacerlo solos. Los legados se construyen con los demás, y resultan diferenciales cuando cambian positivamente la vida de los demás.

Para conseguir resultados extraordinarios no hay que hacer cosas excepcionales. Curiosamente, éste es uno de los desafíos más comunes a los que se enfrentan las empresas y los directivos. Especialmente en grandes corporaciones se inician en multitud de iniciativas pero se finalizan pocas, y aún peor, pocas veces se mide su impacto. Por lo tanto, creo que se debería «empezar menos, acabar más», o en otras palabras, «hacer menos y luego obsesionarse». El reto es que «lo más importante es que lo más importante sea lo más importarte».

Las prioridades no deberían ser más de tres (es lo máximo que la gente suele recordar), y hay que estar constantemente haciendo referencia a ellas. Todo lo que no se encuentre alineado con estas prioridades no debería ser parte de la agenda. Por ejemplo, mientras lideraba el grupo de países del centro, este y sur de Europa, las tres que definimos y donde nos centrábamos eran exclusivamente las siguientes:

- Crecimiento
- Innovación
- Desarrollo de talento

El resto de los temas podían ser importantes, pero no eran prioritarios. En aquel momento, al estar focalizados en acelerar nuestro acceso al mayor número de pacientes, en las reuniones de revisión de negocio no aludíamos a cómo iba progresando el margen operativo de cada país. No significa que no fuera relevante, pero, al no ser una prioridad, lo mejor era no hacer referencia a ello. En el momento que dedicas tiempo a algo con tu equipo, inevitablemente provocará que le presten atención, y por tanto no podrán centrarse en lo acordado como lo más crítico.

Fijar prioridades significa renunciar a algo, supone tener el coraje de decir «no», y esto les cuesta a muchos ejecutivos. Normalmente queremos reducir, pero no eliminar. Hay que ser valiente y dejar de hacer cosas para que la organización se enfoque en lo que crea mayor valor.

Liderar con impacto supone hacer la transición de concentrarse en los *outputs* a pasar a los *outcomes*. Un *output* es cualquier actividad que realiza una compañía, mientras que el *outcome* es la creación de valor que proporciona ese *output*. Un ejemplo de *output* en la industria farmacéutica sería, por ejemplo, el número de médicos que asisten a una reunión científica para conocer un nuevo medicamento que mejora la supervivencia de las pacientes con cáncer de mama. Para un directivo de este sector, el número de profesionales sanitarios participantes en ese evento no debería ser una métrica de éxito. Lo importante sería la creación de valor, el *outcome*, en este caso, el número de mujeres que se beneficiarán de este tratamiento tras la conferencia.

En las primeras etapas de la carrera profesional sueles centrarte en generar el mayor número posible de *outputs*. Como ejecutivo, estás satisfecho cuando ves a tus equipos realizando numerosos proyectos o trabajando muchas horas, e intentas motivarlos para hacer todavía más. Es fácil olvidarse de que la calidad es mejor que la cantidad, y que lo crítico son los *outcomes*, ya que es lo que crea valor para los accionistas y la sociedad. Cambiar este paradigma en las organizaciones es difícil y lleva tiempo.

Los directivos que lideran con impacto no evitan ni posponen las decisiones difíciles. He visto a muchos que, pensando que permanecerán sólo unos tres años en su posición, no afrontaban las situaciones complicadas, sobre todo las relacionadas con personas. Dilatan estas conversaciones, como la de proporcionar un *feedback* negativo o transmitirle a alguien que no se le está considerando para una promoción. La técnica que suelen utilizar en estos casos es la de posponer los temas. Son típicos los comentarios del tipo «eso ya lo veremos más adelante» o «vamos a pensarlo un poco más». Están centrados en no asumir riesgos para no cometer errores que les impidan conseguir su próximo ascenso. Se preocupan más del *looking good* ('parecer buenos') que del *doing good* ('hacer lo bueno'). Ya le corresponderá a su sucesor afrontar el problema o tomar la decisión.

Mi aprendizaje es que dilatar y no afrontar este tipo de situaciones, además de un signo de falta de coraje y liderazgo, desgasta, ya que, aunque intentes evitarlo, no paran de rondar en tu cabeza y no te permiten focalizarte en lo importante. Por ello, cuanto antes enfrentes estos asuntos complejos, mejor.

Humanismo

Especialmente en esta era de las nuevas tecnologías y del mundo digital, los grandes líderes son empáticos y muestran compasión con sus empleados. Son capaces de generar un entorno de confianza y seguridad psicológica. Son, además, buenas personas; no me he encontrado a ningún gran profesional que no sea una buena persona.

Hablaremos en detalle de esta cualidad en el capítulo 5 de este libro.

Creer en sí mismos

Los mejores directivos poseen un alto nivel de autoconfianza, especialmente en tiempos de dificultad. Destacan por ser optimistas, con una mirada positiva del futuro.

Las crisis personales o profesionales son algo que debes esperar en tu vida. La clave será cómo las gestionas. El famoso tenista español Rafael Nadal explica que, cuando estás jugando un mal partido, no debes perder la paciencia y debes pensar siempre en positivo. Si consigues aguantar y no derrumbarte, en algún momento empezarás a jugar mejor y tendrás la oportunidad de ganar el juego.

Efectivamente, en los momentos duros, o cuando las cosas no resultan como las habías planificado, es cuando más debes creer en ti. Probablemente es cuando te encontrarás más solo, y, por ello, no hay que perder nunca la confianza en uno mismo, si no se perderá todo. En mis clases siempre les digo a mis alumnos que no duden en llamarme si en algún momento pierden esa confianza, pues soy capaz de animar a cualquiera. Siempre existe una parte positiva en todas las cosas que nos suceden, sólo hay que encontrarla.

Personalmente, cuando algo, por las circunstancias que sean, no me resulta según lo esperado o simplemente tengo un mal día, lo que hago es remitirme a mi propósito. Eso me ayuda a poner todo en perspectiva y a estar tranquilo, ya que para mí es eso lo verdaderamente importante. Muchos directivos se focalizan sólo en algunas escenas de la serie o película interminable que son las empresas, sin tener en cuenta que lo importante es cómo acaban las historias. Algunas escenas a las que nos enfrentamos pueden no ser muy agradables y hay que gestionarlas, pero debes elevarte y tener una mirada global y a largo plazo de todas las situaciones.

A lo largo de una trayectoria profesional, tendrás altos y bajos dentro de tu empresa. Es decir, habrá momentos en los que estarás bien reconocido y otros, por las razones que sean, objetivas o subjetivas, en los que no serás parte de la gente que promocionan o la que aparece en los planes de sucesión. Ni cuando seas uno de los talentos más valorados debes creértelo demasiado o ser arrogante, ni cuando no eres parte del centro de atención debes desanimarte o pensar que ya no tienes futuro. Ricky Rubio, el jugador de baloncesto, expresó algo que me pareció muy inspirador: «Never too high, never too low» ('Nunca demasiado alto, nunca demasiado bajo').

Muchos creen que una carrera profesional exitosa significa estar en permanente crecimiento, conseguir promocionarse aproximadamente cada dos años. Sin embargo, la realidad es que, a veces, por alguna circunstancia, debes dar un paso atrás. Si esto sucede, hay que tomarlo como una oportunidad de aprendizaje y crecimiento. Si tu desarrollo profesional no progresa como esperas, puedes cambiar de empresa o acometer nuevos desafíos en otro sector o actividad. Por cierto, tu felicidad no está ligada a un cargo, y no conseguir una promoción no es sinónimo de fracaso. En la vida hay cosas mucho más importantes que el trabajo.

En los valles profesionales es donde la confianza en ti mismo juega un papel fundamental para ser resiliente y no abandonar nunca tu sueño. De hecho, he conocido casos en los que, un tiempo después, en otro contexto o con otros líderes, estas personas han progresado excelentemente en su compañía gracias a esta experiencia. En ocasiones hay que dar un paso atrás para luego dar dos hacia adelante.

Gráfico 1.1. Cómo funciona el éxito

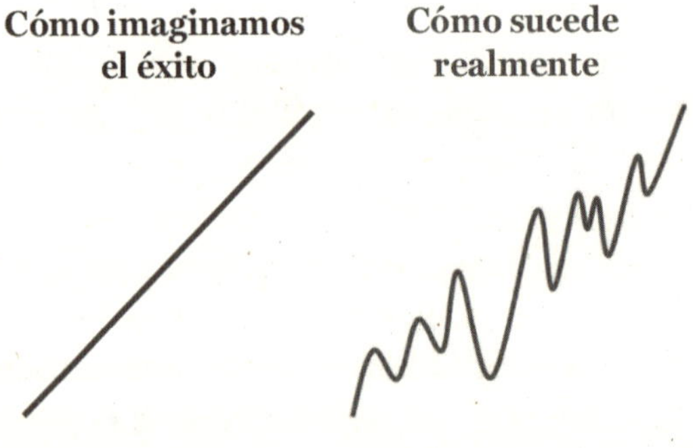

Fuente: Elaboración propia.

Siempre he tenido mucha confianza en mí mismo. A pesar de que he reflexionado mucho, no he sido capaz de encontrar las razones que me llevan a ello. No sé si es por la educación de mis padres o del colegio, por mi infancia, mis amigos, por las experiencias que he vivido, o si incluso pudiera ser algo genético. El caso es que siempre he confiado en mi potencial, además de disponer de una alta autoestima que creo que me ha ayudado en mi desarrollo profesional. Algo que me ayuda en este aspecto es hacer siempre las cosas lo mejor que puedo. Sólo tú sabes cuándo estás dando tu mejor versión, y opino que, cuando das todo lo que tienes, no se te puede pedir más, y esto me reconforta.

Gestión del cambio

La habilidad para anticipar y gestionar cambios con éxito se ha convertido en la principal característica de los líderes más admirados. De hecho, el 70 por ciento de los procesos de cambio fracasan. Hablaremos en detalle de cómo gestionar transformaciones en el capítulo 3.

Como líder, cuando consigues reunir la mayoría de estas características emerge la «magia», con el equipo y la empresa. Es una sensación difícil de explicar, pero sucede cuando logras que todo fluya en tu organización. Juan Carlos Cubeiro, en su libro *La sensación de fluidez*, explica muy bien este concepto: surge cuando sientes que todo funciona como a ti te gustaría y ves reflejados tus valores en tu equipo. Se trata de una sensación que aparece cuando te encuentras en la frontera entre el control y el caos. Un lugar que te obliga a dar lo mejor de ti y a mejorar cada día. Es desafiante, no estás cómodo, pero te genera una tensión positiva y controlada que te permite disfrutar.

En estos últimos años, fruto de los aprendizajes que he adquirido, he podido saborear este agradable efecto. A continuación, citaré algunos de los ejemplos en los que he sentido que me encontraba en esa línea muy delgada que es la «sensación de fluidez».

El primero que citaré es cuando era director de la Unidad de Negocio en España. Narraré más adelante algunos de mis aprendizajes, pero avanzo que, en una situación muy difícil de *turnaround* de un equipo, y junto con un grupo de profesionales excepcionales, conseguimos en poco tiempo revertir la situación. Sentí que era capaz de crear un equipo, generar ilusión y, sobre todo, que creyeran que el desafío que se nos había encomendado no era imposible como pensaba la mayoría.

Otro fue durante mi estancia en Argentina, cuando creamos el propósito «Argentina 20-40-20». Consistía en aspirar a aumentar el acceso de nuestros medicamentos de veinte a cuarenta millones de personas en el año 2020. Recuerdo que había quienes me paraban por los pasillos y me decían que querían formar parte de ese reto. Es otro ejemplo de cómo conseguir llevar un propósito corporativo a la realidad.

También ocurrió cuando tuve el privilegio de dirigir Novartis Oncology España, donde construimos uno de los mejores equipos de la historia, un grupo de directivos diverso, comprometidos e innovadores, que nos acabamos convirtiendo en amigos. Logramos realizar proyectos increíbles, como crear un modelo de innovación interno y externo. Fuimos capaces de integrarnos en el ecosistema emprendedor a través de una alianza con una de las mejores aceleradoras de *start-ups* de España (Conector, fundada por el emprendedor de éxito Carlos Blanco). Logramos exportar nuestro talento a otros países, atraer profesionales de otros sectores y, sobre todo, obtener unos resultados excepcionales.

Disfruté mucho mi etapa como líder del proyecto denominado «Transformation for Growth» en el año 2022. Un plan que Novartis anunció públicamente en abril de 2022 y que consistía en integrar las divisiones de Farma y Oncología en todo el mundo. Trabajé de la mano de la entonces presidenta mundial de la División Farma, Marie-France Tschudin. Yo carecía de experiencia en el área de *project management*, pero, cuando ella me llamó por teléfono para ofrecerme el puesto, no lo dudé ni un instante. Fue un honor que pensara en mí para liderar ese equipo, y cuando cuentas con un líder de ese calibre, tienes confianza y sabes que todo va a salir bien.

No fue fácil estar al frente de un proyecto que, tal como explicó la compañía suiza en diversos medios, desgraciadamente provocaría que muchas personas perdieran su trabajo, al tener que integrar todos los departamentos de las dos divisiones. Sin embargo, junto con unas cincuenta personas, conseguimos crear un equipo de alto rendimiento en un corto espacio de tiempo. Era un grupo diverso de profesionales en el que, desde el primer momento, confiamos los unos en los otros. Cada uno desde su área funcional, todos colaboramos al máximo para que el proyecto fuera un éxito y que las personas se sintieran lo mejor posible, sobre todo las que dejarían la compañía. A pesar de la enorme tensión y la atención que recibíamos, conseguimos crear esa fluidez de la que hablaba anteriormente. En perspectiva, acepté el cargo con algo de preocupación, porque nunca había realizado una función similar, pero siempre en mi vida me han apasionado el reto y aprender cosas nuevas. Mi aprendizaje es que quien no arriesga no gana.

Por último, en mi etapa como vicepresidente sénior de los países de Europa Central, del Sur, del Este y Rusia de Novartis, he tenido la suerte, que pocas veces sucede en la vida, de poder elegir a cada uno de los miembros de mi equipo, ya que veníamos de la integración de las dos divisiones. Era un grupo excepcional y con la ambición de que los pacientes en estos países tuvieran el mismo acceso a los medicamentos innovadores que en los países más desarrollados; un equipo en el que prioricé los perfiles innovadores y diversos, por ejemplo, contratando a un 50 por ciento de mujeres en los puestos de dirección general. Vi reflejado en ellos mi propósito de *desarrollar líderes para mejorar el mundo* y mis valores, convencido, además, de que la mayoría llegaría a altos puestos de responsabilidad en Novartis o en otras empresas.

Ideas fuerza del capítulo 1: ¿cuándo te conviertes en un líder?

- **Te transformas en un líder cuando eres capaz de inspirar a otros para conseguir lo que creían que era imposible**, cuando los haces crecer y generan un impacto positivo en el mundo.

- **Se alcanza cuando estás escalando la Segunda Montaña de tu vida profesional**, aquella etapa en la que tu motivación y satisfacción están fundamentadas en el éxito de los demás más que en el tuyo propio.
- Los mejores líderes poseen las siguientes **cinco habilidades**: la de imaginar desafíos motivantes, la de liderar para obtener resultados extraordinarios para sus empresas y la sociedad, la de creer fuertemente en sí mismos, la de trabajar con un enfoque humanístico y la de ser expertos en la gestión del cambio.
- Todo ello con la aspiración de dejar **un legado que los transcienda** y que perdure en el tiempo.

2

La importancia del propósito

> Un líder lleva a la gente donde quiere ir. Un gran líder lleva a la gente, pero no necesariamente donde quiere ir, sino a donde debería estar.
>
> ROSSALYN CARTER, ex primera dama de Estados Unidos

Diversos estudios han analizado durante años cuáles son las principales motivaciones de las personas en el mundo laboral. El que considero más relevante es el publicado en el libro titulado *La sorprendente verdad sobre qué nos motiva*, escrito por Daniel Pink. Después de muchos análisis, la conclusión es que nos motivan básicamente tres aspectos:

- **Autonomía**: cuando nos sentimos empoderados para tomar decisiones en nuestro trabajo.
- **Maestría**: la oportunidad de poder estar constantemente aprendiendo y mejorando cada día.
- **Propósito**: cuando trabajamos por un propósito que nos inspira.

El escrito Mark Twain dijo que los dos días más importantes de tu vida son el día que naces y el que descubres el porqué. Precisamente por ello, en los últimos años se ha puesto mucho énfasis en la importancia de tener un propósito en las compañías, más allá de los objetivos financieros.

Una analogía de las firmas con propósito es que son como barcos a vela, que disponen del viento para avanzar. En cambio, las que carecen de propósito serán como los barcos a remo, en los que necesitas que toda la tripulación esté remando constantemente para poder avanzar. Los profesionales con propósito se encuentran un 30 por ciento más comprometidos con sus empleadores y, además, son incluso un 27 por ciento más felices, son más innovadores y están un 70 por ciento más dispuestos a dar la «milla extra» (poner más esfuerzo y cuidado). En definitiva, si consigues crear un propósito inspirador y que las personas lo compartan, tus probabilidades de éxito serán mayores.

Al hilo de esto, uno de los mejores artículos al respecto es el titulado «Constructores de utopías que conquistan el mundo», escrito por Jaime García Cantero y publicado en *El País* el 27 de junio de 2021. En él se menciona a la valenciana Ana Maiques, cofundadora de Neuroelectrics, una *start-up* que ha creado gorros de estimulación cerebral que utilizan centros de investigación en más de 45 países. A pesar de haber recibido ofertas millonarias para centrar su investigación en la industria de los videojuegos, tenía claro que su propósito era salvar vidas de pacientes con enfermedades neuronales como el alzhéimer, y no entretener a adolescentes. ¿Quién no querría trabajar para una empresa así?

El filósofo Friedrich Nietzsche opinaba que «la gente realizará prácticamente cualquier cosa si le das un buen porqué». De alguna forma esto se refleja en uno de los vídeos más famosos de YouTube, con más de 63 millones de visualizaciones, realizado por Simon Sinek. A través de lo que denomina el *golden circle* ('círculo dorado'), Sinek expone que la clave para que los líderes logren sus objetivos es comenzar siempre explicando primero el *porqué* para después presentar el *qué* y finalmente acabar mostrando el *cómo*. Una secuencia que puede resultar obvia pero que muchos olvidan, ya que empiezan directamente con el *qué* y continúan con el *cómo*, dejando de lado el elemento racional de lo que quieren conseguir.

Según mi experiencia, subestimamos el número de veces que debemos comunicar ese *porqué*. Para nosotros puede resultar muy claro, pero a las personas les lleva un tiempo asimilar nuevas formas de trabajar o incorporar los cambios. Por ello es clave repetir muchas veces el elemento racional de la decisión en todos los niveles de la organización.

Uno de mis errores en mi trayectoria profesional fue pensar que, con asegurar que mis colaboradores directos entendieran los motivos de la transformación que quería implementar, era suficiente. Esto sería, como se dice, una condición indispensable, pero no suficiente. Subestimé la importancia de que los mandos intermedios comprendieran el porqué de las decisiones. Al final, estos profesionales son los que gestionan el mayor número de personas, los que están en contacto también con los clientes. Hay que dedicarles tiempo para asegurarse de que comprenden el elemento racional, contestar sus dudas y que, finalmente, lo sientan como propio.

2.1. ¿Cómo puedes descubrir tu propósito?

Como comenté en el capítulo anterior, mi propósito es *desarrollar líderes para mejorar el mundo*. Descubrirlo no es un ejercicio fácil, y debes estar en una fase de tu vida en la que verdaderamente lo quieras averiguar. Cuando eres muy joven quizá sea algo que veas lejano, o no acabes completamente de entender. Pero llegará un momento en el que sentirás que lo necesitas, y lo empezarás a buscar. Acontecimientos graves o situaciones personales difíciles, como, por ejemplo, la pérdida de un familiar cercano, pueden acelerar la aparición de ese instante mágico de encontrarse con uno mismo.

Aun cuando se esté preparado emocionalmente, hallarse a uno mismo requiere tiempo. No es algo que pienses en unos minutos y lo descubras. Requiere de un entorno especial que te invite a reflexionar tranquilamente, como, por ejemplo, rodeado de naturaleza, y no en una oficina. Descubrirlo es un tesoro, ya que te ayudará a definir lo que es importante y a lo que debes dedicar tiempo de calidad. Será como la estrella polar que guía los barcos a buen puerto. Tu propósito debe ser algo fácilmente memorable y que puedas describir en un máximo de siete u ocho palabras.

Descubrí mi propósito realizando un ejercicio que se llama *mountain wisdom* ('sabiduría de la montaña'), diseñado por Ekki Kuppel. Fue en un lugar idílico, en un pequeño pueblo llamado Potrerillos, al lado de la cordillera de los Andes, en la región argentina de Mendoza. Durante tres días completos, con múltiples reflexiones, ejercicios de introspección interna e inspiradoras charlas con otras personas, incluso llegando a escribir mi propio obituario, me di cuenta de que mi razón de ser era desarrollar personas para que pudieran crear un mundo mejor.

En este propósito era donde residía mi *ikigai*. Creo que el mundo necesita de nuevos líderes, me encanta enseñar a los demás, el *feedback* que recibo me indica que tengo un talento especial y, además, en Novartis me pagan por ello. Con la *definición de desarrollar líderes para mejorar el mundo*, me sentí completamente realizado. Éste es mi talento y es lo que quiero ofrecer al mundo.

Se habla a veces del «pequeño propósito» y del «gran propósito». El primero se refiere al nuestro personal, y el segundo, al corporativo. La idea es que los empleados busquen el suyo y que identifiquen la manera en que puede contribuir a hacer realidad el propósito de la empresa. En mi caso, he podido desarrollar líderes en varios países para acelerar el acceso de los pacientes a fármacos innovadores y lograr la visión de la compañía de «reimaginar» la medicina. En mi vida personal, por ejemplo con charlas en escuelas de negocios, he inspirado a jóvenes a soñar con desafíos que cambien el mundo. La magia se produce cuando eres capaz de combinar tu propósito personal con el profesional.

Como director general, siempre he intentado ir más allá del propósito corporativo que comunican las empresas. Normalmente son declaraciones demasiado políticamente correctas o convencionales, y no consiguen conectar con las verdaderas motivaciones de las personas. Por ello, en mis equipos dedico tiempo a construir juntos un propósito que nos resulte inspirador, que nos permita soñar y, como dicen los expertos sobre este tema, que idealmente posea alguna característica especial que sea entendible sólo por los miembros de esta organización.

Uno de los artículos que más me apasionan es el escrito por Robert Quinn y Anjan Thakor titulado «Creating a purpose driven organization». En este texto se comparten algunas claves para construir una organización con propósito. Destacaría que debe girar alrededor de una «historia motivante» (*compelling story*), que emocione y que anime a la gente a conseguir lo imposible. Que sea al mismo tiempo desafiante pero alcanzable y, por supuesto, auténtica.

El 90 por ciento de los empleados no cree que el propósito de su compañía sea el verdadero motor, y eso puede llevar a un desencanto o desmotivación. Las causas son diversas, pero en mi experiencia suele ser por la tensión que se produce entre el propósito y el negocio. Ésta es una de las paradojas a las que se enfrentan los directivos. Como líder deberías mostrar pasión por tu propósito, no tanto por los números.

Una de mis frases favoritas es la siguiente: «El propósito lleva al beneficio, el beneficio permite el propósito». Efectivamente, el propósito es clave, pero, al mismo tiempo, las empresas necesitan obtener beneficios, ya que los accionistas esperan una rentabilidad de su inversión. Se necesitan las dos cosas para asegurar la sostenibilidad futura de una compañía.

Durante mi tiempo en España como director general de Novartis Oncology, creamos un propósito que se denominó *Brave smiles to cure cancer* ('Sonrisas valientes para curar el cáncer'). Fue nuestra contribución, como pequeño propósito, al propósito corporativo de Novartis de «reimaginar» la medicina. Lo construimos conjuntamente el equipo de liderazgo y los *managers* de la organización. Básicamente nos dimos cuenta de que no sólo estábamos mejorando la calidad de vida de los pacientes con nuestros fármacos, sino que les proporcionábamos nuevos momentos de vida y de felicidad. Algo que tenemos todos en común es que queremos ser felices y hacer felices a los que nos rodean. Existen múltiples estudios que demuestran que la felicidad es contagiosa en los equipos: si tú eres feliz, harás inevitablemente feliz a los que tienes cerca. A los que nos ha tocado, directa o indirectamente, esa devastadora enfermedad que es el cáncer sabemos que los pacientes son tremendamente valientes. Por ello, nuestro propósito era llevar «sonrisas valientes», y no sólo a nuestros pacientes, sino también a sus cuidadores y a nuestros empleados.

En un mundo en el que, como decíamos, estaban ocurriendo dos revoluciones al mismo tiempo, la tecnológica y la biomédica, decidimos empezar a soñar. ¿Por qué no trabajar para ayudar a curar el cáncer algún día? Recuerdo haber compartido este propósito con el doctor Josep Tabernero, del Hospital Universitari Vall d'Hebron, en Barcelona, y que él me dijo que era un propósito demasiado ambicioso. Con mucho más conocimiento científico que yo, el doctor Tabernero pensaba que seremos capaces de cronificar el cáncer, pero que todavía era muy pronto para pensar en poder curarlo.

Por tanto, era algo muy difícil, pero no imposible. Entonces, ¿por qué no? Era un ejemplo de lo que se podría convertir en un *moonshot* atractivo e inspirador. Ahí me di cuenta de mi responsabilidad como líder. ¿Por qué no trabajar para acelerar aún más la investigación contra el cáncer y soñar con curarlo todos juntos? Siendo testigo de lo que estaba avanzando la medicina y la tecnología, no tenía duda de que en veinte años podríamos acabar con esta enfermedad. No pude imaginar un propósito más apasionante que éste.

Una de las iniciativas (ligada con ese propósito de llevar «Sonrisas valientes para curar el cáncer») de las que estoy más orgulloso fue nuestra colaboración con Disney. Trabajando con la empresa que probablemente más sonrisas ha generado en el mundo, creamos una caja con distintos juguetes para los niños que ingresaban con cáncer en el Hospital Universitario La Paz, en Madrid, para hacer su estancia en el hospital un poco más amena. Su bienestar emocional tendría un impacto positivo en el tratamiento farmacológico. Combinando el conocimiento de Disney sobre las preferencias lúdicas de los niños con el nuestro sobre el cáncer pediátrico, desarrollamos este proyecto que convertía nuestro propósito en una realidad. El día de la presentación de este proyecto de colaboración fue, sin duda, uno de los días más felices de mi vida profesional.

Ideas fuerza del capítulo 2: la importancia del propósito

- Los seres humanos **nos motivamos básicamente por alguno de estos tres vectores**: la autonomía, para sentirnos empoderados para realizar nuestro trabajo; la maestría, es decir, la posibilidad de estar continuamente aprendiendo, y, por último, el propósito, es decir, involucrarnos en proyectos que nos inspiren.
- **Para ser un gran líder es necesario encontrar tu propósito personal**, lo que en la cultura japonesa se denomina tu *ikigai*. La magia sucede cuando eres capaz de combinar al mismo tiempo tu propósito personal con el profesional.
- **Las compañías con propósito obtienen significativamente mejores resultados**, y sus empleados están más comprometidos con ellas.

3

Las cuatro C del liderazgo: cultura, cambio, confianza y *coaching*

> A la gente nunca hay que preguntarle qué quiere conseguir en la vida, sino lo que está dispuesta a perder, porque esto es indicativo del grado de compromiso que tiene con la causa.
>
> DALÁI LAMA, líder espiritual

Todos conocemos las famosas cuatro C del marketing que difundió el famoso profesor estadounidense Philip Kotler. En liderazgo, creo que existen también cuatro C que resumen muchos de sus componentes claves:

- Cultura
- Cambio
- Confianza
- *Coaching*

3.1. Cultura

En mis clases de liderazgo suelo preguntar a los alumnos cuál es su definición de «cultura organizativa». Sus respuestas son siempre interesantes, pero normalmente no llegan a abarcar todos los aspectos de lo que significa. En mi opinión, la cultura empresarial consiste en la combinación de tres pilares:

- **Comportamientos**: las conductas y los valores que se fomentan e incentivan en una empresa.
- **Sistemas**: cómo está diseñada la compañía, cómo funcionan sus procesos de decisión, cuál es su organigrama o cómo se analizan sus resultados.
- **Símbolos**: se refiere a, por ejemplo, cómo se viste la gente, qué tipo de personas se promocionan, cómo son las oficinas o qué se prioriza a la hora de realizar las inversiones.

La suma de estos comportamientos, sistemas y símbolos (algunos visibles y otros no) y cómo son percibidos por los empleados es lo que acaba creando la cultura corporativa. Dicen que la cultura es como el aire, que no lo puedes ver pero se siente. Esto es lo que de verdad hace diferentes a unas empresas de otras, más allá del sector económico en el que operen.

La cultura es el verdadero impulsor del desempeño. De hecho, Peter Drucker comentaba siempre que «*culture eats strategy for breakfast*» («la cultura desayuna estrategia»). Para todos los CEO, su primera prioridad debería ser visualizar el tipo de cultura que quieren implementar. El legado de un líder comienza por la cultura que le gustaría dejar cuando, en algún momento, se marche de la corporación.

No existen culturas organizativas buenas o malas, sino que cada una tiene sus ventajas e inconvenientes. Lo único es que no puede estar sujeta a interpretación por parte de los empleados. Debe ser muy clara y evidente. Se han publicado multitud de estudios que demuestran que las empresas que se focalizan en desarrollar una cultura empresarial sólida y con valores obtienen mejores resultados que las que no lo hacen. Asimismo, son más innovadoras y las personas están más comprometidas.

A la hora de elegir trabajar para una determinada organización, resulta fundamental conocer cuál es su cultura, para saber si está alineada con tus valores o tu forma de pensar. Recuerdo el caso de una amiga que cambió de trabajo y fue a una de las mayores empresas de España. Era una gran oportunidad, pues la compañía era atractiva, y su puesto de trabajo, desafiante. Sin embargo, cuando se incorporó, empezó a ser testigo de comportamientos y símbolos que no estaban alineados con sus valores. Esto no significa que aquella cultura organizativa no fuera apropiada, sino que no hubo encaje cultural. Mi amiga tardó menos de un año en abandonar su trabajo. Por cierto, la falta de sintonía cultural suele ser una de las razones más frecuentes por las que muchos profesionales dejan una compañía.

Cuando volví a España como director general, la primera decisión que tomé fue la de dejar mi despacho y pasarme al llamado *open space*, o 'espacio abierto', como el resto de la organización. La cultura que quería implementar era la de una organización innovadora, que asumiera riesgos y con las menores jerarquías posibles. En mi cabeza imaginaba, salvando las distancias, un modelo tipo el de Amazon o Google, y, aunque me encontraba en el entorno de una gran empresa farmacéutica, me quería acercar lo más posible a esa forma de trabajar. El símbolo que quise transmitir desde el primer día eliminando mi oficina (he de reconocer que me dolió) era el de estar accesible a todos los empleados, fomentar la colaboración y la innovación. Esto es para mí lo que sería un ejemplo de símbolo de cultura empresarial.

Con la llegada de Vas Narashimhan como nuevo CEO de Novartis en 2017, su primera prioridad fue la de cambiar la cultura, tal como, por ejemplo, lo explicó durante su entrevista en Forbes Healthcare Summit en 2018. Hasta ese momento, la cultura había sido, siguiendo el modelo de los colores de Kurt Lewin, muy roja. Este tipo de culturas se caracterizan por ser jerárquicas, los resultados se priorizan sobre las personas y existe mucha obsesión por el control. Sin embargo, es cierto que esta cultura fue durante años muy exitosa para la compañía suiza.

Con los cambios sociales, tecnológicos y científicos que se esperaban para los próximos años, Vas Narashimhan estaba convencido de que, para seguir superando las expectativas de nuestros accionistas, había que cambiar la cultura. Para atraer el mejor talento y acelerar el descubrimiento de nuevos fármacos que mejoraran la vida de las personas, la cultura debía evolucionar hacia una más colaborativa, con mayor empoderamiento y que contara con una misión inspiradora, que era «reimaginar la medicina». En definitiva, y siguiendo con la analogía de los colores, hacia una cultura más azul.

Inspirado en el libro de Jacob Bøtter y Lars Kolind titulado *Unboss*, propuso que la cultura de Novartis gravitara sobre tres pilares alineados con los componentes que intrínsecamente motivan a los seres humanos:

- **Propósito**: que era «reimaginar la medicina».
- **Empoderamiento**: empoderar a los trabajadores para que pudieran desarrollar su trabajo y su máximo potencial.
- **Curiosidad**: una organización que estuviera constantemente aprendiendo.

El cambio cultural no sucede sin un cambio personal. Es un proceso largo y duro, que puede durar entre seis y ocho años aproximadamente. Durante este tiempo de transformación, aparecerán momentos de dificultad y resistencia al cambio. Las organizaciones, recordemos, están diseñadas para ser lo más inmunes posible a las mutaciones para que así puedan subsistir. Promover cambios culturales o estructurales supone ir en contra de la inercia que llevan las compañías, y requiere de mucho esfuerzo y dedicación. El apoyo de todos los líderes es crítico para que pueda llevarse a cabo, sobre todo de los mandos intermedios.

Como en los procesos de cambio que veremos a continuación, el CEO debe compartir una visión motivante en la que resulten evidentes los beneficios para los empleados y los accionistas. Si a corto plazo los resultados se encuentran por debajo de lo esperado, aparecerán las primeras dudas, y será inmensa la presión por volver a la cultura anterior.

Precisamente, esta situación es la que vivimos en Novartis cuando, al poco de empezar a implementar la nueva cultura «*Unboss*», el valor de la acción no evolucionaba como se preveía. Enseguida aparecieron los titubeos naturales por parte de muchos líderes y empleados, que de alguna forma pensaban que la cultura anterior era mejor. En esos momentos, Vas Narashimhan se mantuvo firme y convencido de que la cultura que quería fomentar era la óptima para el contexto presente y futuro. No dudó en ningún momento, y siempre se mostró comprometido con que fuera una prioridad.

Después de unos años, la cultura «*Unboss*» fue una realidad en Novartis e impactó positivamente, y no sólo en el precio de la acción, sino también en la innovación y el compromiso de los empleados. Es cierto que tuvimos aprendizajes en este proceso que nos ayudaron a ir ajustando la cultura al entorno, pero el foco del CEO en la cultura fue la clave del éxito.

3.2. Cambio

Antes de describir cómo he gestionado distintos procesos de transformación, me parece interesante recordar las seis fases del cambio que experimentamos las personas:

- **Fase I**: **interés**. En la mayoría de los casos, al principio la gente demuestra curiosidad.
- **Fase II**: ***shock***. Las personas se dan cuenta de las implicaciones de estas transformaciones y entran en un estado de desesperación.
- **Fase III**: **enfado**. En esta etapa, lo natural es enojarse con el líder o la organización, y es frecuente destacar los inconvenientes del proceso.
- **Fase IV**: **negociación**. Aquí, la gente intenta «negociar» el cambio; qué cosas sí se pueden modificar y cuáles son los aspectos innegociables que se deben mantener.

- **Fase V: adaptación**. Los profesionales empiezan a trabajar con el nuevo enfoque, ajustándose al nuevo contexto.
- **Fase VI: disfrute**. Finalmente, los equipos comprenden sus ventajas y disfrutan con lo que hacen.

Cada uno de nosotros pasa inexorablemente por todas estas fases, pero lo relevante es lograr que las personas lleguen a la fase VI lo más rápidamente posible. Mi aprendizaje es que la gente no tiene miedo al cambio, sino a sus consecuencias. Por ejemplo, si afectará a su puesto de trabajo, si cambiará su rol y tendrá que aprender cosas nuevas, si tendrá un nuevo jefe...

Suelen existir dos razones que explican por qué la mayoría de estos procesos no funcionan:

- La primera (tal como explicábamos antes con el *golden circle* de Simon Sinek), porque los líderes no explicamos suficientemente el elemento racional.
- La segunda, porque ignoramos utilizar la emoción en la gestión del cambio. Nos quedamos en la parte lógica, y nos olvidamos de que los seres humanos somos emocionales. Si, además de desde la razón, comunicamos desde la emoción, transmitiendo más allá de los beneficios racionales, tendremos éxito en estos procesos. Por lo tanto, convenzamos primero desde el corazón, y después desde la mente.

La mejor metodología que he aprendido para gestionar satisfactoriamente un cambio fue durante una de mis sesiones de *coaching* con Àngels Pons, fundadora de la empresa Abiwell. El modelo constaba de las siguientes cuatro fases:

- **Primera fase: reconocer**. Antes de pedir algo a tus equipos, hay que reconocer sinceramente todo el trabajo realizado hasta ahora y los logros conseguidos.
- **Segunda fase: explicar el contexto**. Hay que ilustrar en detalle el marco y las circunstancias que rodean el cambio que quieres demandar. Por ejemplo, saber que la empresa

se encuentra en una mala situación financiera o si un competidor va a lanzar un producto mejor que el nuestro.
- **Tercera fase: detallar el cambio**. En esta fase es donde hay que explicar el motivo del cambio, empezando por la parte emocional para ganar los corazones de la gente, y a continuación con los argumentos racionales para conquistar sus mentes.
- **Cuarta fase: describir los beneficios**. Hay que contar las ventajas que los cambios propuestos ofrecerán a los empleados y a la empresa.

Un error que cometí en el pasado gestionando transformaciones fue, por ejemplo, ir directamente a la tercera fase, a explicar el porqué del cambio, normalmente usando sólo la parte racional, pero sin ningún tipo de descripción adicional y obviando el resto de las fases.

Un artículo muy interesante sobre cómo gestionar transformaciones es el titulado «Cinco verdades (y una mentira) sobre transformaciones corporativas», escrito por Martin Reeves. Se describen los cinco factores de éxito en este tipo de procesos, destacando la importancia de acometerlos antes de que sea demasiado tarde, la importancia del rol de los líderes y que hay que priorizar la velocidad vs. la perfección. En mi experiencia gestionando diversos procesos de cambio, he identificado cinco comportamientos que son clave para tener éxito:

- Exagerar el cambio
- Encontrar aliados
- Motivar
- Acompañar
- Definir indicadores

Exagerar el cambio

Sobre todo las grandes empresas están diseñadas para resistir y ser inmunes a cualquier agente externo que las haga perder su equilibrio o estabilidad. Todos conocemos la famosa «resistencia al cambio» de las personas y las compañías. De hecho, la gente prefiere ser infeliz que cambiar.

En la película *Titanic*, protagonizada por Leonardo DiCaprio y Kate Winslet, el transatlántico se hunde en medio del océano, pero no porque la tripulación no avistara el iceberg, sino porque, a pesar de que divisaron el bloque de hielo y el capitán viró inmediatamente el timón 180 grados, la inercia que llevaba el buque le impidió esquivarlo.

Lo mismo sucede en las organizaciones. Aunque el líder realice un brusco «golpe de timón», como el del patrón del *Titanic*, las personas y las organizaciones llevan una inercia que cuesta mucho cambiar. Desgraciadamente, los equipos no son como una zódiac, en la que mueves el timón y automáticamente la lancha responde. A menos que el líder haga este brusco cambio de dirección, las personas continuarán haciendo prácticamente lo mismo y tardará mucho tiempo en producirse la transformación deseada.

Teniendo en cuenta este punto, y que los mensajes en una empresa se van diluyendo entre un 20 y un 30 por ciento a lo largo de la cadena de mando, mi estrategia siempre ha sido proponer inicialmente cambios mucho más radicales de los que en realidad quería implementar. El motivo es que, siempre que plantees una transformación, te encontrarás con la resistencia de algunas personas, tal como hemos detallado en las fases del cambio. Además, como comentamos, suele abrirse un proceso de «negociación» entre el líder y los empleados, por lo que es mejor tener un cierto margen para poder debatir con ellos el cambio y mostrar algo de flexibilidad.

Por estas dos razones, normalmente empiezo exponiendo un cambio más agresivo del que tengo en mente, para acabar en ese punto medio que es donde quería llegar. Si no eres ambicioso desde el inicio con la magnitud de la transformación que visualizas, será difícil poder implementarla, debido a la inercia y a los mecanismos de defensa innatos que poseen todas las organizaciones.

Encontrar aliados

Existe este proverbio japonés: «Si quieres llegar rápido ve solo, pero si quieres llegar lejos ve acompañado». Éste es un error que he cometido en mi vida profesional. Por pretender ir veloz, me di cuenta después de que me encontraba solo. Eres un líder cuando tienes gente que voluntariamente te sigue, cuando tienes un equipo detrás, y no fue mi caso en aquella ocasión.

Es importante identificar las personas del equipo que poseen una mayor influencia o liderazgo transversal sobre los demás. Estos conectores son clave en la gestión de cualquier transformación. En mi experiencia, si el líder logra que estos «líderes de opinión» se sientan involucrados y de alguna forma corresponsables del proceso, aumentarán la velocidad y las probabilidades de éxito.

Para ello debes proporcionar a estos profesionales un grado extra de confianza, compartir alguna información confidencial, explicar en más detalle tu visión, tu miedos, los riesgos... En definitiva, que te vean vulnerable y auténtico. Esta conexión te permitirá contar con un mayor número de personas comprometidas que te ayudarán a que la transición sea más eficiente.

Motivar

Las personas necesitan ver al líder convencido de que el cambio es posible y que les traerá múltiples beneficios. Deben obtener algún incentivo para ser parte activa de la transformación. No existe el cambio sin motivación. Hablaremos de cómo motivar a las personas en el capítulo 4.

Como expliqué anteriormente, en una de mis etapas como director de negocio me encontré con una situación de *turnaround* en la que triunfar parecía imposible. En mi primera reunión con todo el equipo (cincuenta personas) en un hotel de Alemania, y tras presentar la visión y los objetivos del año, comencé a recibir multitud de quejas y comentarios negativos. Respondí a sus cuestiones durante un buen rato, en un entorno tremendamente hostil. Pasados unos minutos, decidí detener la reunión. Tomé la palabra y les dije que, escuchando sus comentarios y los resultados de los últimos años, sólo visualizaba tres opciones para este departamento, cada una con sus ventajas e inconvenientes:

- **Continuar igual**: mantener la misma dinámica que hasta entonces (falta de motivación, desilusión...), y con la incertidumbre sobre qué decisión tomaría la compañía con nosotros al no estar alcanzando las expectativas.
- **Maximizar el beneficio de la unidad**: ello implicaría reducir el número de personas y la inversión, pero las que se quedaran probablemente estarían bien.
- **Cambio**: modificar nuestra estrategia, nuestra forma de trabajar y de asumir riesgos, esperando que dieran mejores resultados que hasta la fecha.

Les indiqué que a continuación me marcharía de la sala, dejando a la directora médica como moderadora. Les pedí que pensaran los pros y las contras de cada uno de estos tres escenarios. Cuando acabaran la reflexión, mi expectativa era que ellos decidieran cuál creían que era la mejor alternativa.

Abandoné la sala preocupado, pensando si lo que había propuesto había sido una buena idea o una locura. Lo que en principio pensé que sería una espera de quince minutos se convirtió en una de casi dos horas, tiempo en el que estuve paseando de un lado a otro del pasillo del hotel con una sensación de angustia e incertidumbre. Finalmente, la directora médica asomó la cabeza por la puerta de la sala y me invitó a entrar.

Reinaba un silencio sepulcral y todas las miradas me apuntaban. Me asusté. En mi interior me preguntaba qué había podido ocurrir. Me subí de nuevo a la tarima y, con firmeza, les solicité que me explicaran las ventajas e inconvenientes que habían discutido sobre cada escenario y cuál era su preferido.

Tras unos quince minutos de excelente exposición, me explicaron que la opción decidida por la mayoría era lo que habían denominado «cambio radical». Aquí quiero reforzar un pequeño detalle que aportó el grupo; al tercer escenario propuesto que denominé «cambio», le añadieron en la pizarra el adjetivo *radical*. Por tanto, la magnitud de la transformación necesaria que visualizaban era enorme.

El equipo eligió mi escenario preferido, pero estoy convencido de que, si hubiera tratado de imponerlo directamente en aquella reunión, no habría tenido éxito. Por el contrario, realizar el ejercicio conjunto, compartir el problema que nos afectaba a todos y empoderarlos para tomar una decisión (ciertamente asumiendo riesgo por mi parte) fueron las claves para que la transformación sucediera de forma satisfactoria y para que, en los siguientes tres años, ellos y ellas se convirtieran en el mejor departamento de toda la compañía.

Acompañar

En cualquier proceso de transformación es crucial que el líder «acompañe» en todo momento a su equipo, mostrándose cercano y accesible. Si los cambios van a generar incertidumbre —por ejemplo, con potenciales reducciones de puestos de trabajo—, resulta recomendable «sobrecuidar» a las personas, mostrar empatía y no distanciarte o delegar en otros. El CEO debe asumir en primera persona la responsabilidad y la comunicación con los asociados.

Debes demostrar un interés genuino por ellos, más allá de los resultados o de los objetivos, y pedir *feedback* continuamente de cómo se están haciendo las cosas y de cómo se puede mejorar. En la experiencia de cambio de la Unidad de Negocio anteriormente descrita, me fijé el objetivo de contactar (teléfono, e-mail, wasap...) con todos y cada uno de sus miembros como máximo cada tres semanas. Sentir al líder cerca y comprometido ayuda mucho a acelerar estas transiciones.

Otro de los momentos más duros e intensos de mi vida profesional fue cuando me encomendaron liderar el equipo que integraría las divisiones de Farma y Oncología. Fueron más de tres meses trabajando prácticamente siete días a la semana y dieciséis horas al día en un rol de *project leader* para el que no disponía de experiencia previa, y trabajando por primera vez en la sede de Novartis en Suiza. Como te puedes imaginar, tuve miles de aprendizajes de esta experiencia única en la vida, que es rediseñar una empresa como Novartis para los siguientes diez años.

Entre los múltiples cambios que se derivaban de esta integración, uno era eliminar la duplicidad de muchísimas posiciones. Por ejemplo, de dos directores generales en cada país (uno para cada división), se pasaba sólo a uno. Lo mismo sucedía para los directores de áreas funcionales, como, por ejemplo, las de recursos humanos o finanzas. Fueron meses de actividad frenética y de alta incertidumbre, ya que la transformación, que empezó con la salida de una de las dos CEO de las divisiones, iría llegando en cascada y progresivamente hasta todos los niveles de la compañía.

Aprendí la importancia de mostrar una empatía genuina por la gente, tanto con los que se quedaban como con los que se marchaban. No fue fácil, por un lado, generar entusiasmo y motivación en los profesionales que continuaban y, por otro lado, ser empático y mostrar compasión con las personas que en los próximos meses desgraciadamente abandonarían Novartis.

Todo el mundo en este tipo de situaciones está muy sensible, y cualquier comportamiento o palabra del líder se magnifica o se puede malinterpretar, por lo que hay que ser extremadamente cuidadoso.

Advertí también que es mejor sobrecomunicar que tomar un perfil bajo. La historia de comunicación debe poseer mayoritariamente un componente emocional, tal como explicábamos antes. Debemos ganar no sólo sus mentes, sino, sobre todo, sus corazones, reforzando repetidas veces la nueva visión, las razones que sustentan el cambio y sus beneficios, en distintos foros y formatos. En todo momento tuvimos bien tomado el pulso de la organización a través de distintos canales de comunicación (intranet, *townhalls*, reuniones...), por lo que establecimos una comunicación ágil y en tiempo real entre los asociados y el equipo de liderazgo.

Me di cuenta de que siendo transparente, e incluso admitiendo que todavía no se tenían todas las respuestas, la gente se sentía más acompañada. Otra práctica habitual fue pedir *feedback* continuo de cómo se estaban implementando los cambios y de cómo se podía mejorar, para ir ajustando y optimizando el proceso de transformación. Todos sabemos que en estos procesos se cometerán errores, por lo que se valora mucho la autenticidad de los líderes. Por supuesto, esto se hizo actuando siempre con los máximos niveles de integridad e intentando proteger al máximo a todos los empleados.

Este apasionante proyecto lo viví directamente en 2022 con Marie-France Tschudin, la CEO de la nueva división. Aprendí muchísimo de ella sobre liderazgo en tiempos de crisis. Ella estuvo siempre en primera línea de fuego, responsabilizándose de las consecuencias de los cambios y en contacto continuo con la gente. Asumió en primera persona toda la comunicación, recibiendo preguntas muy duras que supo gestionar de forma extraordinaria en la mayoría de los casos.

Especialmente difíciles fueron sus conversaciones con muchos altos ejecutivos de la empresa, excelentes profesionales, pero que con el nuevo modelo debían dejar la compañía. En todo momento estuvo accesible, mostrando empatía y compasión con todos ellos.

En lo que al equipo de trabajo respecta, con nosotros se comportó siempre como una más. Éramos conscientes de su responsabilidad, pero en ningún momento nos trasladó esa presión. Algo que nos funcionó muy bien en esta transformación, y que valoraba mucho la gente, era priorizar la velocidad en la toma de decisiones (para reducir la incertidumbre) sobre la perfección.

También destacaría el comportamiento que mostró todo su equipo de liderazgo. Estuvieron comprometidos al cien por cien con ella y con la empresa, apoyando el cambio en todo momento, incluso más allá de su área funcional. Nunca perdieron la cohesión como grupo, algo que no es fácil en tiempos de crisis. Nadie puede llevar a cabo solo un cambio radical en una organización, necesita un equipo que lo acompañe y le ayude, y esto fue lo que sucedió.

Definir indicadores

En los procesos de transformación es importante medir lo que se quiere cambiar. Idealmente, los indicadores clave de desempeño (*key performance indicators*, o KPI) hay que definirlos antes de comenzar el proceso, así como tener identificados lo que en inglés se denomina los *quick wins*, las ventajas o logros a corto plazo que señalen que el cambio es positivo.

Esto parecerá obvio, pero pocas veces existen indicadores que demuestren cuál está siendo el progreso. Para ello, primero hay que definir bien, idealmente con el equipo, lo siguiente:

- Qué es exactamente lo que se necesita transformar: debe quedar claro (el líder no puede dejar dudas) qué hay que modificar, así como el impacto que generará en la organización.
- Cómo realizar este cambio: establecer los mecanismos para que las transiciones se puedan producir.

Cuando el *qué* y el *cómo* están bien entendidos, es cuando podremos establecer indicadores para medir su velocidad y sus resultados. Sobre todo las consultoras tienden a sugerir multitud de indicadores que puedes monitorear. Mi experiencia es que el cuadro de mandos (*balance scorecard*) no debería ser muy grande. Personalmente creo que es mejor centrarse en los cuatro o cinco KPI que tengan mayor influencia. Esto ayudará a la gente a centrarse en lo que es realmente importante.

En relación con este tema, me gustó un artículo de Xavier Marcet titulado «La fatiga del cambio». Entre otras reflexiones, comenta que las empresas son un equilibrio entre continuidad y cambio, entre presente y futuro. Sugiere el autor que realizar muchos cambios a la vez lleva a muchos cambios ejecutados con mediocridad. También que sólo hay cambio organizacional cuando hay cambio individual, cambiar es cambiarnos. El cambio no es un festival de presentaciones de PowerPoint, sino una transformación culminada constatable.

En el mundo en que nos encontramos, con una velocidad de

cambio como nunca habíamos visto en la historia, la habilidad de los líderes para poder gestionarlos con éxito será una competencia clave en el futuro.

3.3. Confianza

La tercera C del liderazgo es conseguir que la gente confíe en ti. La confianza es la base de cualquier relación, personal y profesional. Siempre se habla de lo difícil que es ganar la confianza, y lo fácil que es perderla. En general, los seres humanos creo que somos desconfiados, y en el mundo de la empresa todavía más. Leí una vez un estudio que decía que la gente se fía más de un individuo que no conoce y al que ve andando por la calle mientras toma un café desde un Starbucks que de su jefe. Esto suena increíble, pero demuestra lo que nos cuesta confiar de verdad en alguien.

¿Cómo puedes ganar la confianza de un equipo?

Diversos estudios demuestran que la confianza del equipo se puede alcanzar básicamente a través de dos formas:

1. **Conocimiento**. Los expertos en una determinada disciplina o con una reconocida experiencia en un sector la pueden conseguir por su sabiduría en una determinada materia. Un alto grado de educación en un área suele generar confianza en la gente con la que trabajas.
2. **Intenciones**. Cuando las personas perciben que demuestras un interés genuino y preocupación por ellas, se genera automáticamente confianza. Los profesionales necesitan sentir que estás siempre a su lado, que sus problemas son los tuyos, y sus éxitos, de ellos.

Por el contrario, si creen que lo único que quieres es conseguir resultados a toda costa, que tu beneficio va por delante del equipo o que, por ejemplo, lo único que deseas es ser promocionado a otro puesto lo más rápido posible, será muy difícil que confíen en ti.

Coincido plenamente con estos dos enfoques. Con el tiempo, he añadido una tercera vía que también funciona para aumentar la confianza de otros en tu liderazgo:

3. **Resultados**. El éxito o un buen desempeño te da credibilidad.

Cuando Pep Guardiola comenzó su andadura como entrenador del F. C. Barcelona, en una rueda de prensa le preguntaron cuánto tiempo iba a permanecer en el club. Contestó que si ganaba campeonatos se quedaría mucho tiempo, y que si no los ganaba se tendría que marchar.

Cuando obtienes buenos resultados, ganas confianza entre los que te rodean, tanto los que se encuentran por debajo de ti en el organigrama como los que se sitúan al lado o arriba. La gente que supera expectativas suele ser una referencia que va más allá de su propia compañía, ya que rápidamente llama la atención de otros colegas o competidores.

A las personas les gusta seguir a gente con éxito, a aquellos a los que les van bien las cosas. Siempre he pensado que «el éxito llama al éxito», y nos gusta rodearnos de líderes a los que les sonría la vida. Creo que la hipótesis sobre la que se fundamenta esta afirmación es la del «efecto halo», por el cual si mi jefe triunfa, yo probablemente también.

He formado parte de comités de dirección en los que las opiniones de sus miembros no «valían» lo mismo, simplemente por el hecho de no poseer el respaldo de unos resultados extraordinarios. La fuerza de tu idea o sugerencia durante una reunión depende mucho de tu «cotización» en ese momento en la compañía, algo que es directamente proporcional a tu credibilidad y a la consecución constante de los objetivos.

Recuerdo que al poco tiempo de arribar a Argentina, una persona del equipo de liderazgo me preguntó durante nuestra primera reunión cómo podía aumentar su credibilidad y la confianza del resto de los miembros del comité de dirección. Sus resultados en el reciente lanzamiento de un producto no habían alcanzado lo esperado y, por tanto, basándonos en mi punto anterior, su nivel de influencia con sus pares era efectivamente bajo.

Sin embargo, tras implementar un cambio de estrategia para centrar sus recursos en otro producto en el cual hasta la fecha no habían invertido lo suficiente, sus resultados comenzaron a estar por encima de las expectativas. En pocos meses, su nivel de influencia y de opinión aumentó considerablemente en la organización. La misma persona, pero con un contexto de resultados distinto, había pasado de ser una más a convertirse en un referente. Esto puede ser justo o no, pero, como comentamos, los resultados positivos generan confianza.

Proporcionar la confianza por defecto

Cuando empezáis a trabajar con alguien, ¿cuántos de vosotros le proporcionáis la confianza por defecto, es decir, desde el primer día? Normalmente, cuando realizo esta pregunta en una sala, sólo el 25 por ciento de los presentes levantan la mano. En cambio, cuando a continuación pregunto a cuántos, cuando tienen un jefe nuevo, les gusta recibir esa confianza por defecto, entonces el cien por cien de los asistentes asienten. Curioso, ¿no? Efectivamente, la mayoría somos cautelosos a la hora de dar la confianza, pero a todos nos gusta recibirla.

Cada uno de nosotros somos de una forma distinta y no todos concedemos la confianza por defecto. No ocurre absolutamente nada, no está ni bien ni mal. Simplemente debes ser consciente de que otorgarla o no te abre o cierra puertas con las personas. A partir de ahí, es tu decisión hacer lo que creas que es más oportuno.

Como líder, siempre he proporcionado la confianza por defecto, y en el 99 por ciento de los casos me ha funcionado bien. Es verdad que me he llevado alguna decepción, pero creo que es el enfoque más adecuado para liderar equipos. En mi experiencia, cuando he trabajado desarrollando mi mejor versión ha sido cuando sentía que poseía la confianza de mi jefe. Está demostrado que, cuando perciben confianza, los empleados son más innovadores, están más comprometidos y, sobre todo, aportan mejores resultados.

Por el contrario, nunca pido la confianza de los miembros de mi equipo, ya que es algo muy personal, aunque espero conseguirla. Lo que sí les requiero es lealtad. Siguiendo la analogía del fútbol, dicen que las discusiones o los enfrentamientos deben quedarse en el vestuario, y cuando los jugadores salen a la cancha deben ir todos al unísono. Lo mismo pienso que debe ocurrir en las organizaciones. En mi caso invito a exponer distintos puntos de vista, a argumentar, a debatir... Pero, cuando el equipo (o a veces el líder) toma una decisión, mi expectativa es que luego todos, interna y externamente, la defendamos como si fuera propia. Esto es lo que entiendo por lealtad, el respeto al grupo, a sus valores y a los compromisos adquiridos.

La confianza creo que es binaria, se tiene o no se tiene; se da o no se da. No se puede proporcionar a medias. Un ejemplo sería cuando tu pareja sale una noche con sus amigas o amigos a divertirse; simplemente te fías o no, no existe el término medio. Por cierto, la gente conoce muy bien cuándo posee la confianza del jefe y cuándo no. Es de las cosas más fáciles de identificar por los empleados. Si le dices a alguien que goza de tu confianza, percibirá enseguida si eres sincero.

Leí un tuit de Carina Spilzca (ex-CEO de ING en España) que decía que la mejor forma de eficiencia en una empresa es contar con gente en la que confíes. Trabajar con profesionales que gozan de tu confianza te ahorra muchísimo tiempo e incluso, egoístamente, mejora tu calidad de vida. Por ello, cuando he formado equipos, siempre me he rodeado de gente de mi máxima confianza.

Existen multitud de ejemplos de que, cuando un ejecutivo cambia de corporación, se lleva consigo a algunas personas de su anterior equipo. No se trata de un tema de talento, sino de confianza. Sobre todo en altos puestos directivos, un CEO puede renunciar a alguien con muchísimo talento por otro profesional, obviamente muy bueno, pero en el que confíe de forma plena. Estar rodeado de un equipo en el que confíes es imprescindible para poder desarrollar con éxito tu trabajo.

Esto lo explica muy bien Simon Sinek en uno de sus vídeos, cuando habla de la confianza y los SEAL (cuerpo de élite) del ejército estadounidense. Comenta Sinek que los miembros de los SEAL, en una matriz de 2 × 2 en la que el eje de las X son «resultados» y el de las Y es «confianza», obviamente en una guerra prefieren rodearse de soldados que posean buenos resultados y alta confianza. Pero si alguna vez, por las circunstancias que sean, deben renunciar a alguna de estas dos variables, prefieren disponer en su escuadrón de gente que sea confiable al cien por cien, aunque esto suponga renunciar a algo en la variable de los resultados.

¿Qué ocurre cuando se pierde la confianza?

Una de mis preguntas típicas en una entrevista de trabajo, que seguro os habrán preguntado alguna vez, es la siguiente: «¿Me podrías explicar algún error que hayas cometido?». La respuesta del 90 por ciento de los candidatos es haber demorado demasiado tiempo el despedir a una persona, cuando hacía tiempo que ya no confiaban en ella. A mí también me ha ocurrido lo mismo.

Diversas investigaciones indican que los mejores directivos aciertan contratando en sólo un 70 por ciento de los casos. Por tanto, no hay que tener prisa para incorporar a alguien por mucha urgencia que exista (normalmente siempre es menos de la que te dice la gente que es). Hay que despedir rápido, pero contratar lento. Equivocarse cuando contratas a alguien supone perder aproximadamente cuatro años: unos dos años de media hasta que se acaba tomando la decisión de desvincular a la persona que está actualmente en el cargo, alrededor de seis meses en contratar a alguien bueno y, posteriormente, uno o dos años hasta que empiece a dar resultados. Todo ello si aciertas contratando al nuevo directivo, ya que en otro caso todavía es mucho peor. Por tanto, como dicen en Amazon, es mejor tener un «*hole* que un *asshole*».

Cuando pierdes la confianza en una persona, en el 99 por ciento de los casos esa relación profesional se va a terminar, más tarde o más temprano. Si esto sucede, creo que el divorcio es positivo para ambas partes, pues, como decíamos, sin confianza mutua es muy difícil trabajar.

Mi experiencia es que, tanto cuando quieres despedir a un individuo como cuando un ejecutivo decide marcharse voluntariamente a otro lugar, cuanto antes salga de la organización, mejor. En el momento en que la gente ha cortado su conexión emocional con la empresa, suelen resaltar más las cosas negativas que las positivas, y su influencia suele ser perjudicial en los que se quedan. Normalmente empiezan a restar más que a sumar. En muy pocos casos he visto que los beneficios de retener cierto tiempo a estos profesionales —por ejemplo, cuando poseen un conocimiento especial del que carecen otros miembros del equipo o son los únicos en un departamento— superen los inconvenientes antes mencionados.

Por supuesto, todas las salidas de los empleados deben ser elegantes y respetuosas, independientemente de las razones que los lleven a marcharse. Sobre todo con los mejores talentos, cuando se marchan voluntariamente, soy especialmente cuidadoso. Como explicaremos más adelante, a este tipo de gente te podría interesar volverla a contratar, otro motivo para que el fin de la relación laboral sea en los mejores términos por ambas partes. En cualquier caso, y no siempre sucede así, a las personas hay que darles el reconocimiento que se merecen después de su contribución a una corporación.

Por otro lado, soy de la opinión de que, cuando abandonas una empresa, siempre hay que salir manteniendo los lazos y de forma amigable. Éste es un mundo muy pequeño, y no sabes con quién te podrás encontrar en el futuro.

La segunda perspectiva sobre la falta de confianza es cuando no se pierde con una persona, sino con la empresa. En el libro *Move fast and fix things*, escrito por Frances Frei y Anne Morris, se explican tres estrategias para ayudar a los líderes a reconstruir la confianza corporativa.

- **Empatía**: demostrar que realmente te preocupas por los empleados.
- **Autenticidad**: hacer siempre lo que dices.
- **Racionalidad**: evidenciar que eres capaz de realizar tu trabajo con éxito, liderar al grupo y llevar a la empresa al siguiente nivel.

¿Hay que otorgar la misma confianza a todos los miembros de un equipo?

Como te decía, para mí la confianza es binaria. Sin embargo, a veces parece que un CEO confía más en algunos miembros de su equipo que en otros.

La explicación la descubrí en un artículo escrito por Bob Frisch, titulado «Who really makes the big decisions in your company?». El autor expone algo muy común que ocurre en las empresas y que se tiende a obviar. Con frecuencia, el consejero delegado (CEO) posee un núcleo de gente (tres o cuatro personas máximo) a las que otorga una mayor confianza o les proporciona más información que al resto. Esto es lo que Frisch denomina el *kitchen's cabinet*, el «núcleo duro» o, como dicen en Argentina, la «mesa chica».

En mi experiencia, todos los líderes poseen un *kitchen's cabinet*, visible o invisible. El de un director general normalmente está compuesto por el director financiero y el director de recursos humanos. En mi caso no significa que tuviera más confianza en estas dos personas, sino que puntualmente compartía con ellos alguna información o tema que me preocupaba, y en el que, por las causas que fueran, no creía necesario involucrar a todos los miembros del equipo de liderazgo.

En ciertos asuntos muy específicos es donde puede ser útil. Por ejemplo, cuando pienses que tu propuesta no va a ser inicialmente bien recibida, explicarles con antelación el contexto y el elemento racional, así como incorporar sus sugerencias, te puede facilitar el apoyo para que después salga adelante. También es útil para tomar un pulso rápido y sincero de cómo se encuentra el equipo, o bien para recibir *feedback* sobre tu estilo de liderazgo. Esto no significa que siempre estuviéramos de acuerdo en mi *kitchen's cabinet*, o que algún tema que les había adelantado contara o no con su apoyo.

Poseer una «mesa chica» te puede ayudar a liderar mejor, pero mi sugerencia es nunca crearla de forma explícita, ya que generará disconformidad y tensión entre los compañeros. Nunca tampoco la llevé al extremo, como comenta el artículo, hasta el punto de que se convirtiera en el auténtico comité de dirección, como si fuera el foro (formal o informal) en el que se acordaran los temas más importantes, pues no me parecía justo ni creo que fuera lo mejor para la organización, ya que la mayoría de las cuestiones es más enriquecedor hablarlas en grupo y en los foros destinados a ello.

En mis inicios profesionales fui parte del «núcleo duro» de algún director general. Reconozco que en aquel momento era fascinante, pues conocías con antelación algunos asuntos y decisiones. Esto me generaba un compromiso con el líder mayor que el resto. Pero, por contra, mis colegas que no formaban parte de este círculo, que por cierto era evidente, se sentían excluidos y, por tanto, desmotivados al darse cuenta de que la toma de decisiones no seguía el canal formal o que éstas ya estaban predeterminadas. Éste es un tema que el líder debe manejar con una exquisitez máxima para poder aprovechar las ventajas que tiene este círculo, pero minimizando sus riesgos.

En definitiva, sin confianza no hay liderazgo. Es imposible que la gente te siga si no confía en ti. El líder debe saber gestionar la confianza, tanto la de él hacia sus trabajadores como la de ellos hacia él y la empresa.

3.4. *Coaching*

La última C del liderazgo es el *coaching*, y el denominado «líder *coach*». Sobre lo que significa el *coaching* existen multitud de libros que lo explicarían mejor que yo, pero me gustaría compartir los beneficios que me ha proporcionado en mi desarrollo como líder.

La mayoría de los directivos dedicamos la mayor parte de nuestro tiempo a interaccionar con personas, ya sea en reuniones individuales o de equipos. En mi caso, prácticamente un 95 por ciento del tiempo lo dedico a la gente cuando me encuentro en la oficina.

El curso más útil que he realizado en mi vida profesional fue uno sobre *coaching* denominado The blue leader, impartido por Àngels Pons, una de las mejores *coaches* que he conocido. Me enseñó algunos de los principios y herramientas que se utilizan en las sesiones de *coaching*, tanto individuales como de equipos.

Al estar constantemente en contacto con personas, escuchándolas, preguntando o dando *feedback*, ser consciente de estas técnicas me resultó tremendamente útil en mi trabajo. Esto es lo que me llevó, años más tarde, a certificarme como *coach* profesional. Con total sinceridad te diría que no me considero un buen *coach*, pero sí diría que ahora conozco las metodologías y las situaciones donde las puedo aplicar. De hecho, os recomendaría a todos realizar algún curso sobre esta materia.

Uno de mis aprendizajes con el *coaching* fue el de primero comprender bien a la otra persona, antes de emitir ningún juicio u opinión. Entender por qué te está contando lo que te está diciendo, averiguar qué es exactamente lo que te quiere transmitir e intuir lo que no te está queriendo exponer. A veces, es incluso más importante lo que no se dice que lo que se dice.

En esta línea, una de las mejores anécdotas de mi vida fue cuando mi hija Violeta, que en aquel momento tenía nueve años, me preguntó por qué en mis zapatillas New Balance aparecía una Z. Le contesté rápidamente que estaba equivocada, y que aquella letra no era una Z, sino una N. Sin embargo, por unos instantes me quedé pensando por qué mi hija me había dicho que veía una Z. La realidad es que, si observas las zapatillas New Balance desde otra perspectiva, puedes leer una Z en lugar de una N. ¿Quién entonces tenía razón, ella o yo? En el momento en que la entendí, me di cuenta de que probablemente los dos teníamos razón, pero, de no haberlo hecho, estaría todavía convencido de que ella estaba equivocada.

Muchas veces, cuando dos personas difieren en una opinión es porque están viendo la misma situación, pero desde una perspectiva diferente. Si eres capaz de ponerte en el lugar del otro y comprender el porqué de los argumentos que expone, quizá tampoco estés de acuerdo, pero te será más fácil entender a la otra persona y quizá llegar a algún tipo de acuerdo. Recuerdo al profesor José Carlos Pastor, de la Universidad de Valladolid, que una vez me dijo: «Las cosas no son como son, sino como se interpretan». Algo similar a lo que dijo la escritora Anaïs Nin, «no vemos la realidad como es, sino como somos». Ésta es también una de las claves del *coaching*, comprender cómo y por qué las personas están entendiendo una situación de una determinada forma.

Además del lenguaje verbal, comencé a prestar atención al lenguaje corporal, que muchas veces delata lo que la persona está verdaderamente pensando. Por ejemplo, cuando estás en una reunión y el individuo tiene sus brazos cruzados, suele reflejar una posición de defensa, esto es, de no estar expresando realmente lo que piensa o estar en desacuerdo. Asimismo, además del lenguaje y la corporalidad, hay que ser consciente de lo más importante, que es la emoción (alegría, tristeza, angustia...) con la que te está transmitiendo las cosas. Descifrar esto último me ha resultado muy útil para enfocar mis conversaciones de la manera más idónea, ya que el planteamiento para conseguir un determinado objetivo es totalmente distinto según el estado emocional en el que se encuentre la otra persona.

Me ha servido también para saber cuestionar los juicios predeterminados que poseemos todos los seres humanos. Y me ha ayudado a ser capaz de abrir nuevas opciones a un empleado cuando está afrontando un problema al que no le encuentra solución. Me ha servido para saber indagar, ya que en el pasado la mayoría de mis preguntas eran cerradas. Normalmente preguntaba: «¿Te puedo ayudar?». La mayoría de las ocasiones, la gente respondía que no. Tras realizar el curso, empecé a realizar preguntas abiertas, tales como: «¿En qué te puedo ayudar?». Como ves, existe una pequeña diferencia a la hora de enunciar la pregunta, pero en el segundo caso era cuando conseguía que la gente se abriera y compartiera sus inquietudes.

Conocer qué los preocupa, para a continuación poder ayudarlos a resolverlo, es muy importante. Recuerdo a Jesús Acebillo, presidente de Novartis España durante muchos años, decirme que si a alguien le preocupa algo, entonces le ocupa. Si le ocupa, no estará centrado en su trabajo, no desarrollará su potencial y, por tanto, no obtendrá los mejores resultados.

Aplicando las técnicas de *coaching* soy capaz ahora de liderar desde la pregunta. Me di cuenta de que para ser un buen líder no necesitas conocer todas las respuestas, sino hacer las preguntas adecuadas. Una de las historias más inspiradoras que recuerdo me la contaron Dominique Gisin, esquiadora suiza y campeona olímpica, y Christian Marcolli, exfutbolista profesional convertido en entrenador de élite. Ambos formaban parte del equipo de entrenamiento de Michelle Gisin, también esquiadora y hermana de Dominique.

Durante los Juegos Olímpicos de Invierno de 2022, Michelle sufrió una caída en la primera manga del descenso, perdiendo todas las posibilidades de ganar una medalla. Destrozada, Michelle no quería participar en el slalom al día siguiente. Sin embargo, Christian, que se encontraba a miles de kilómetros de distancia, le planteó una simple pregunta: «Después de lo sucedido, ¿qué crees que haría un verdadero campeón?». Sólo esa pregunta fue suficiente para que Michelle decidiera salir a competir y ganar la medalla de oro al día siguiente, demostrando su fuerza mental y determinación.

La historia de Michelle es un claro ejemplo de cómo una simple pregunta puede cambiar la mentalidad de un deportista y llevarlo a la grandeza. Sobre todo en la era del ChatGPT y de la inteligencia artificial, el valor ya no reside en quien sabe las respuestas (eso es algo del pasado), sino en quien realiza las mejores preguntas. Cuanto mejor sean las preguntas, mejor serán las soluciones a los problemas. Según mi experiencia, uno se da cuenta de si ha realizado una buena pregunta cuando la gente tarda dos o tres segundos en contestar.

Otro de los aspectos benéficos que aprendí mientras estudiaba para ser *coach* profesional fue el de mover al empleado del papel de víctima a la hora de afrontar un desafío al rol de protagonista. Por ejemplo, cuando alguien llega tarde a una reunión y explica que la razón es porque había mucho tráfico, esto es situarse en el papel de víctima. En el de protagonista, diría que se ha demorado porque no anticipó correctamente el tránsito de ese día.

Muchas veces, cuando alguien comparte contigo un problema, lo suele explicar desde el papel de víctima. Describe una situación de forma que las posibles soluciones no dependen de él, así que piensa que no puede resolverlo. Como *coach*, tu reto es conseguir que cambie al rol de protagonista, porque en esa dimensión probablemente podrá hacer algo para solucionarlo. El concepto de víctima-protagonista es sinónimo de una expresión que se utiliza mucho en Estados Unidos y que se conoce como «*above the line* (ATL) *or below the line* (BTL)» ('encima de la línea o debajo de la línea').

Para mí, el líder no es un *coach*, no puede serlo. Los objetivos de un *coach* son distintos a los de un líder. Por ejemplo, hay veces que debes ser directivo o dar una solución rápidamente a alguien. Pero me gusta el concepto de «líder *coach*», pues conocer las técnicas del *coaching* individual y de equipos te ayudará en muchas situaciones a mejorar tu liderazgo.

Ideas fuerza del capítulo 3: las cuatro C del liderazgo

El liderazgo se basa fundamentalmente en la gestión de estos cuatro componentes:

- **Cultura**. Es sin duda el vector más relevante del liderazgo. El tipo de cultura que un directivo quiera instaurar en una organización determina su ADN (valores, comportamientos, sistemas...) y, finalmente, la magnitud del impacto en la cuenta de resultados y en la sociedad.

- **Cambio.** En este mundo VUCA[1] en el que nos encontramos, y teniendo en cuenta que el 70 por ciento de los procesos de gestión del cambio fracasan, la capacidad de gestionarlos correctamente es una competencia clave para el éxito empresarial.
- **Confianza.** Es la base de cualquier relación, personal y profesional. Damos lo mejor de nosotros cuando gozamos de confianza, ya que sin ella es muy difícil trabajar. Pienso que dar la confianza por defecto a nuestros equipos tiene enormes ventajas y los ayuda a desarrollar su máximo potencial.
- ***Coaching.*** Es una de las habilidades que ha tomado especial relevancia en los últimos años. La habilidad de escuchar, ser empático, mostrar compasión por los demás o, en definitiva, ser un líder humanista es una cualidad crítica en el liderazgo infinito.

1. *VUCA* es el acrónimo de las palabras *volatility*, *uncertainty*, *complexity* y *ambiguity* ('volatilidad', 'complejidad', 'incertidumbre' y 'ambigüedad'), y se aplica ampliamente a las empresas y a la sociedad, aunque tiene su origen en el ejército estadounidense.

4

Liderar con visión estratégica

> Nunca contestes cuando estés enfadado. Nunca hagas una promesa cuando estés feliz. Nunca tomes una decisión cuando estés triste.
>
> ZIAD K. ABDELNOUR, banquero

En este mundo de cambio constante, algunos se preguntan para qué es necesario poseer una visión estratégica a largo plazo. En mi opinión, siempre es mejor tener una visión, una estrategia y un plan que no tenerlos. Se dice que «los ganadores tienen planes, y los perdedores, excusas» (*«winners have plans, losers have excuses»*).

En el contexto VUCA en el que vivimos, la gente prefiere seguir a los líderes que saben a dónde van. Si alguna vez dudas sobre cuál es el camino correcto, mi consejo es que no lo noten los que te rodean. Te aseguro que muchos líderes a veces no estamos seguros de cuál es la dirección apropiada, pero, si perciben que titubeas, no te seguirán.

Me encantó el libro *Piensa como Amazon*, de John Rossman. En él se explica que Amazon, en lugar de focalizarse en desarrollar una estrategia para los próximos tres años como la mayoría de las compañías, fija un horizonte temporal de siete años. De esta forma, sólo están compitiendo con una fracción de todas las empresas, y, al tener la mirada en el largo plazo, pueden acometer proyectos o retos que de otra forma no serían posibles. Esto les permitirá generar la innovación más disruptiva y los mejores productos al estar siempre por delante.

Cuando lo leí, lo relacioné con la famosa analogía del «océano rojo» y el «océano azul» del famoso libro *La estrategia del océano azul*, escrito por W. Chan Kim y Renée Mauborgne. Los próximos dos o tres años serían el «océano rojo», donde compiten todas las organizaciones y en el que es difícil diferenciarse. Es cierto que hay que disponer de lo básico para competir, pero la magia se encuentra en el «océano azul», es decir, en un marco temporal más amplio, por ejemplo de cinco a siete años, donde existen menos competidores y puedes desarrollar con antelación nuevos productos o servicios.

La clave en estos tiempos probablemente sea gestionar el largo y el corto plazo, no tanto el medio plazo. Los directivos tenemos que ir resolviendo los asuntos del día a día, al mismo tiempo que debemos tener claro, en un horizonte de cinco o siete años, a dónde queremos llegar. Con tanto nivel de incertidumbre, es cierto que ahora el medio plazo resulta difícil de planificar. Por ello, se trata de ir superando los resultados de cada trimestre y saber cuál es la visión y la estrategia, adaptando el rumbo según el contexto que vayamos afrontando.

La mejor definición de estrategia que he encontrado es la de Michael Porter, que expone que «*strategy is giving up something for the chance of getting something better*» («la estrategia es dejar algo ante la oportunidad de conseguir algo mejor»). En definitiva, una estrategia significa renunciar a algo. La visión estratégica es una imagen global a largo plazo de los objetivos de una organización y de los métodos para alcanzarlos. Orienta la estrategia y las decisiones de una empresa. Permite identificar y responder a los cambios del entorno, establecer objetivos y asignar recursos en línea con lo definido como prioritario.

No se trata de identificar tus decisiones en el futuro, sino de entender bien el futuro de tus decisiones presentes. Como líder, debes visualizar siempre la «segunda o la tercera derivada» de cualquier decisión que tomes, esto es, sus consecuencias e implicaciones para todo el ecosistema en el que opera una compañía.

Por ejemplo, cuando contratas a alguien, la persona elegida estará probablemente feliz. Sin embargo, debes pensar en la gente que aspiraba a esa posición y que no ha resultado seleccionada, y cuáles serán sus posibles reacciones y cómo podrían afectar al equilibrio del sistema. Esto es algo que subestimé en el pasado.

Si tuviera que resumir en dos frases lo que define una estrategia simplemente diría que es «dónde jugar» («*where to play*») y «cómo ganar» («*how to win*»). Lo primero se refiere a en qué mercados o geografías queremos competir. Lo segundo apunta a cómo se quieren alcanzar los objetivos. En la presentación a inversores de Novartis del cuarto trimestre de 2022, Vas Narashimhan compartió que el «dónde jugar» de la compañía era en cinco áreas terapéuticas (cardiovascular, inmunología, neurociencias, oncología y hematología) y en cuatro áreas geografías principalmente (Estados Unidos, China, Japón y Alemania). Mientras que el «cómo ganar» era a través de cinco pilares: acelerar el desarrollo de medicinas de alto valor científico, mejorar la productividad, desarrollar el talento interno, aprovechar las nuevas tecnologías y aumentar la confianza de la sociedad.

Personalmente, la cualidad que más valoro en un líder es su visión estratégica, la capacidad de ver más allá y antes que nadie. Admiro a la gente que se atreve a predecir el futuro, y la mejor forma de anticiparlo es crearlo. Cree en los sueños y ellos se crearán, esto es lo que consiguen los mejores directivos.

Para poder liderar, debes saber articular una visión que sea inspiradora, disruptiva y que consiga motivar a las personas para que ofrezcan su mejor versión. Como dice Francisco Ballester, debemos pensar menos y soñar más. Una de las frases más famosas de Martin Luther King iba precisamente en esta dirección: «*Dreams are inspiring, plans are boring*» («Los sueños son inspiradores, los planes son aburridos»).

Los objetivos que son alcanzables no deberían ser tus metas, sino que son tus sueños a lo que verdaderamente deberías aspirar. Las visiones más poderosas suelen ser sobre algo que nunca nadie ha realizado o algún reto que pueda haber fracasado en el pasado.

Durante los últimos años, en las empresas hemos sofisticado todos nuestros procesos y estrategias. Parecía que, cuanto más complicada fuera la diapositiva de PowerPoint que explicara la estrategia, mejor. Leonardo da Vinci dijo que «la simplificación es la última sofisticación». Es decir, que en este mundo en el que estamos intoxicados de información («infoxicados», como diría Alfons Cornella, fundador de Infonomía y del Instituto Next), ahora lo más difícil es hacer las cosas sencillas. Como líder, normalmente recibes de las personas complejidad, y el desafío es devolverles simplicidad. Uno de mis jefes, César Concepción, siempre comentaba algo que me ha resultado muy útil para múltiples aspectos de mi trabajo, y es que «lo sencillo vende» («*simple sells*»).

Para poder comunicar con éxito una visión, resulta necesario que sea sencilla, corta, fácil de explicar y, por tanto, fácil de entender, para que los empleados puedan conectar con ella e implementarla después. Un ejemplo sería la visión que conocí cuando visité las oficinas de LinkedIn en San Francisco. Su visión, fácilmente memorable, es la siguiente: crear oportunidades para cualquier miembro del mundo laboral.

Recuerdo que, cuando era (más) joven, compartí con Jesús Acebillo mi temor a no poseer nunca esta capacidad estratégica. Su respuesta fue que no me preocupara, que es como cuando un montañero va escalando una montaña y es capaz de ver cada vez más lejos. La razón no es porque ahora sea más visionario o inteligente que antes, sino porque desde un lugar más alto se advierten mejor las cosas en el horizonte. Lo mismo ocurre cuando vas creciendo o desarrollándote en la empresa, serás capaz de ver cada vez más lejos.

4.1. ¿Cómo desarrollar la visión estratégica?

Algo que creo que deberían hacer más frecuentemente los directivos es lo que llaman en Argentina «parar la pelota». Es decir, deberían dedicar tiempo de calidad junto con sus equipos a reflexionar sobre el entorno futuro, los clientes y los competidores. Y deberían identificar dónde estarán las oportunidades de crecimiento, los riesgos o las habilidades que necesitarán nuestros empleados. Creo que realizar periódicamente esta reflexión es el punto de partida para desarrollar la visión estratégica.

La mirada estratégica se puede conseguir de muchas formas, pero en mi experiencia destacaría las tres siguientes, las cuales considero como las más relevantes.

En primer lugar, hay que conocer los *insights* de los clientes; es decir, que no basta con tener la habilidad de averiguar «lo que está pasando» en tu negocio, sino que también debes saber «por qué pasan» las cosas o por qué actúa un cliente de una determinada manera. La mayoría conoce «lo que está sucediendo», pero no va más allá. Entender el verdadero elemento racional que hay detrás de un comportamiento, conociendo cada detalle de tu modelo de negocio y cadena de valor, de tus competidores y del contexto (económico, político, social...), te permitirá visualizar las claves necesarias para desarrollar una excelente visión estratégica.

En segundo lugar, es importante observar en detalle lo que está sucediendo en otros sectores. Personalmente, invierto un 20 por ciento de mi tiempo en conocer cuáles son las tendencias o mejores prácticas en sectores verticales distintos al farmacéutico. Reconozco que lo hago por curiosidad, pero también para después asociar ideas y conceptos aparentemente inconexos, al ser de otras industrias, para así luego trasladarlos al sector salud. Alfons Cornella fue al primero al que escuché hablar del concepto de *cocreación* como factor clave en el éxito empresarial futuro; es decir, unir mundos, conceptos o empresas teóricamente alejados y trabajar conjuntamente para desarrollar propuestas de valor disruptivas para sus clientes.

Uno de los comentarios que escucho frecuentemente en la revisión del talento de las compañías es que una determinada persona no dispone de visión estratégica. En algunas ocasiones es cierto, pero en otras he comprobado que es porque no articulan con exactitud lo que quieren transmitir. Ésta sería la tercera forma de mejorar tu visión estratégica.

En el artículo «10 ways to prove you're a strategic thinker», Brenda Steinberg y Michael D. Watkins[2] comentan que, además

2. Steinberg, Brenda; y Watkins, Michael D., «10 ways to prove you're a strategic thinker», *Harvard Business Review*, 31 de octubre de 2023, <https://hbr.org/2023/10/10-ways-to-prove-youre-a-strategic-thinker>.

de pensar estratégicamente, debes hablar estratégicamente. Simplificar lo complejo no es un ejercicio fácil, y ofrecen diez recomendaciones para mejorar nuestra comunicación y demostrar que poseemos esta capacidad. En especial me llamaron la atención las que definen como «elevar tu perspectiva» y poseer una «mirada a largo plazo». Para la primera sugieren, antes de explicar tu idea, mencionar frases como «basado en la estrategia de la compañía...» o «reflexionando sobre la historia de innovación en esta empresa...». Para la segunda, pueden ser útiles expresiones como «imaginando que la industria en cinco años será...».

Con estas habilidades, la obsesión por el cliente y el mercado, la mirada transversal a otros sectores y la comunicación efectiva, desarrollarás sin duda una excepcional visión estratégica.

4.2. Modelo de liderazgo estratégico

En mi experiencia, el liderazgo estratégico se compone de tres dimensiones, como se indica en el modelo de la imagen de abajo. El tiempo que un ejecutivo debe dedicar a cada una de ellas depende mucho de cada individuo y, sobre todo, del momento en el que se encuentre la empresa. Los líderes destinan mayoritariamente tiempo a «liderar el negocio» y a «liderar el equipo», dejando para lo último «liderarse a sí mismos». No existe la combinación perfecta, pero no me he encontrado con ningún líder de éxito que no desarrolle al mismo tiempo las tres dimensiones.

Gráfico 4.1. Las tres dimensiones del liderazgo

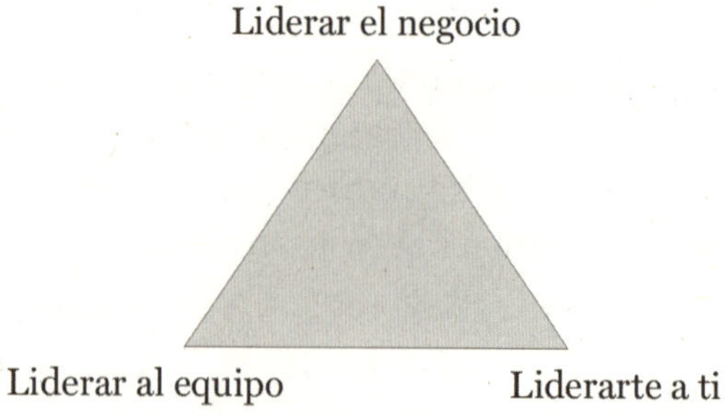

Fuente: Elaboración propia.

Liderar el negocio

Para un ejecutivo, la dimensión más importante es la de gestionar satisfactoriamente el negocio. Si no obtiene buenos resultados, difícilmente permanecerá mucho tiempo en su compañía. Según mi experiencia, eso implica manejar los siguientes factores:

Gestionar a corto y a largo plazo

El líder debe encargarse de ambos plazos. Por un lado, focalizarse en que los objetivos del año se cumplan creando valor para los accionistas y la sociedad, por otro lado, imaginar cómo evolucionará el mercado a fin de implementar estrategias que preparen a la empresa para afrontar satisfactoriamente los retos futuros.

Debe saber pivotar rápidamente entre el presente y el futuro. Según la situación, debe pasar de llegar al máximo detalle en algunos asuntos a disponer de una mirada a cinco o diez años en otros.

Equilibrio entre explotar y explorar

Tienen que asegurar que existe un equilibrio entre «explotar» (implementar las actividades que funcionan y que consiguen resultados hoy) y «explorar» (probar nuevas ideas con potencial de crear más valor en el futuro, aunque con un mayor nivel de incertidumbre).

Asumir riesgos

Detrás de cualquier empresa de éxito siempre hay alguien que, en algún momento, tomó una decisión arriesgada. Como sucede en las compañías tecnológicas o *start-ups*, los líderes deben asumir riesgos si quieren obtener mejores resultados que la competencia.

Algunas veces escucho la expresión inglesa «*smart risks*», es decir, que los líderes asuman riesgos inteligentes o controlados. En mi opinión, este enfoque es una manera de suavizar el objetivo, o incluso puede desmotivar a los profesionales en cuanto a que verdaderamente se pongan a intentar cosas nuevas. Considero que todos disponemos de criterio para valorar el riesgo que queremos asumir. Arriesgarse implica hacer algo de lo que no tenemos la certidumbre de cómo va a resultar. Si no, no sería un riesgo.

Identificar en cada problema una oportunidad

En una reunión de revisión de negocio con Guido Guidi, en aquel momento jefe de Europa de Novartis, recuerdo que, ante un problema que le presentamos, inmediatamente me preguntó cómo podíamos convertirlo en una oportunidad.

Desde aquel momento, siempre pienso que los grandes líderes, en cualquier situación complicada, son capaces de visualizar una perspectiva nueva que nadie había identificado hasta ese momento y que puede desencadenar una oportunidad. Con esa mirada pueden surgir nuevas posibilidades a la hora de afrontar un desafío.

Escucho frecuentemente la frase: «José, tenemos un problema». Me ayudó mucho la reflexión de mi amigo Ignacio Martínez Iturriaga, uno de los fundadores de Colliers, que piensa que «si es un problema, tiene solución; y si no tiene solución, es que no es un problema». Una de las cosas que agradeces y valoras cuando alguien te expone un problema es que esa persona aporte una solución potencial. Ésta es una sugerencia que comparto con todos mis *mentees*.

Preparar «la próxima versión»

Como escribió Simon Sinek en el libro *El juego infinito*, las empresas compiten en un juego infinito (valga la redundancia). El mundo empresarial no es como un partido de fútbol en el que al final de los noventa minutos existe un perdedor y un ganador. En las organizaciones, las personas irán cambiando, se renovarán los productos o servicios, se ajustarán los organigramas..., pero la visión del ejecutivo debe asegurar su sostenibilidad a largo plazo.

Para ello, éstos deben estar permanentemente pensando cuál será la «próxima versión» de su organización que la llevará al siguiente capítulo de su historia.

Liderazgo ecosistémico

Las compañías son un conjunto de sistemas y subsistemas, conectados unos con otros, con centros de poder que van cambiando según las circunstancias. A la hora de gestionar satisfactoriamente el negocio, el líder ecosistémico debe reconocer estos nodos y las relaciones entre sus miembros. Con una mirada holística, y entendiendo las derivadas de cualquier decisión a todos los niveles, su impacto será mayor. Esta visión de 360 grados de una organización es una cualidad que poseen especialmente los CEO, ya que gestionan toda la cadena de valor de una empresa.

Mi amigo Orlando Vergara ha desarrollado más en profundidad este concepto en su libro titulado *ELM: Ecosystems Leaders Mindset*.

La importancia del *networking*

Dicen que una red de contactos no es lo único que se necesita para triunfar, pero que sin una red de contactos no tendrás éxito. Todos los que trabajamos en grandes empresas conocemos el valor del *networking* interno, la capacidad de conectar con otros miembros de la organización para generar alianzas que te ayuden a alcanzar tus objetivos. Es imposible alcanzar tales objetivos sin la ayuda de colegas de otros departamentos. El juego político existe en todas las organizaciones (sí, en todas), y hay que dedicarle tiempo; y conforme subes en el organigrama, todavía más tiempo. A mis *mentees* siempre les digo que, para llegar alto en una corporación, deben saber y querer «jugar» con esas reglas no escritas que poseen todas las firmas, y disponer de una potente red de contactos.

Una de las cosas que he aprendido es que hay que desarrollar esta red, es decir, conocer personas, especialmente cuando no quieres ni necesitas nada de ellas. En mi caso, recuerdo que, al acabar una agradable charla con Beatriz Corredor, presidenta de Redeia, en la que mi único objetivo era conocerla por verdadera curiosidad, me dijo que había sido una de las pocas personas que tras una reunión no le había pedido nada. Construir relaciones lleva un tiempo y perduran a largo plazo cuando se fundamentan en la confianza y en el equilibrio de dar y recibir.

En mi carrera me he encontrado con personas que no cultivaban esta red y trabajaban de forma «independiente». Este modelo funciona cuando todo resulta según lo previsto. Sin embargo, observé que, si aparecían dificultades en el negocio, estos profesionales «independientes» no recibían ayuda de sus compañeros más allá de lo estrictamente necesario. Muchas veces, una potente red de contactos internos puede ser tu salvavidas cuando no estés cumpliendo expectativas.

Para los que somos introvertidos, este tema es más difícil de gestionar, ya que nos cuesta acercarnos a otras personas cuando no poseemos un fin claro o una tarea que realizar. Uno de los artículos que me ayudó a mejorar en este aspecto fue el titulado «Playing office politics without selling your soul», escrito por Robert B. Kaiser, Tomás Chamorro-Premuzic y Derek Lusk. Lo que comentan los autores es que el *networking* o el juego político en las empresas es algo legítimo y totalmente respetable cuando lo haces convencido de que va a ayudar a conseguir el propósito de la empresa.

Liderar el equipo

La segunda dimensión del modelo de liderazgo estratégico es la de liderar el equipo. Detrás de cualquier sueño o visión inspiradora de un líder, necesitas un equipo brillante que la haga realidad, o no se cumplirá. El directivo que se encuentra solo no puede lograr absolutamente nada. Es imposible tener éxito si no consigues crear un verdadero equipo, en el que existan confianza y colaboración. Un equipo es más que la suma de sus partes. En caso contrario, no tiene sentido que sea un equipo.

Las claves más relevantes para gestionar equipos son las que describo a continuación.

Crear cultura

En el capítulo de las cuatro C del liderazgo (capítulo 3) hemos explicado la importancia de crear una cultura organizativa con propósito, que empodere a sus empleados para tomar decisiones y les permita aprender constantemente.

Desarrollar talento

El ejecutivo debe desarrollar las habilidades de su equipo y lograr que alcance su máximo potencial. Para ello debe destinar una parte importante de su tiempo al *coaching*, a dar *feedback* y a definir un plan de desarrollo para cada empleado de acuerdo con sus fortalezas y áreas de oportunidad, sobre todo centrándose en las primeras.

(Desarrollaremos más en profundidad este punto en el capítulo 8, en el que hablaremos de cómo atraer y desarrollar talento.)

Construir equipos de alto rendimiento

Un equipo no es un grupo de personas que trabajan juntas, sino un grupo de personas que confían unas en otras. Siempre que empiezo con un nuevo equipo, lo primero que hago es realizar alguno de los múltiples ejercicios que existen para generar confianza entre sus miembros.

El líder debe crear un entorno de confianza para que la gente pueda sentirse psicológicamente segura, en el que exista pasión por la excelencia en todo lo que realizan para así alcanzar los mejores resultados. En una escena de la película *Top Gun: Maverick*, protagonizada por Tom Cruise, el actor comenta: «*It's not the plane, it's the pilot*» («No es el avión, es el piloto»). Efectivamente, puedes diseñar la mejor estrategia, o disponer del mejor producto o servicio, pero, al final, lo más relevante son las personas de una organización y el equipo que forman.

Crear auténticos equipos en el mundo empresarial es uno de los desafíos más difíciles del liderazgo, algo que sólo algunos logran. Es difícil dar una receta que funcione para conseguirlo, pero te diría que es una combinación de todos los temas que tratamos en este libro. No es suficiente con ser excelente en alguno de ellos, sino que, para crear equipos de alto rendimiento, se necesita saber combinarlos en su justa medida según el contexto. Es algo parecido a lo que realizan los grandes cocineros cuando elaboran un plato. Aunque exista una receta, luego combinan los diferentes ingredientes en distintas proporciones, para conseguir el sabor que desean según la ocasión. Como mencioné anteriormente, el liderazgo es un arte, y no una ciencia.

Motivación

Un compañero de trabajo, Estanislao Puig, siempre me decía que uno debe venir motivado ya de casa y que los líderes no deben motivar, sino no desmotivar. Una reflexión interesante, pero, en mi opinión, conseguir que la gente tenga pasión por lo que hace y vaya a por la «milla extra» es una de las cualidades de un líder que marcan la diferencia.

En la serie de Prime Video (Amazon) *Simeone: Vivir partido a partido*, sobre el Cholo Simeone, se observa cómo este entrenador utiliza diversas técnicas para motivar a sus jugadores del Atlético de Madrid a fin de que ganen a otros equipos con mayor presupuesto o (teóricamente) mejores jugadores. Apela a que los jugadores mejoren cada día para ofrecer su mejor versión, ya que esto es beneficioso para el equipo y, en consecuencia, también para ellos. Dice que, para ganar, no es suficiente con que todos ellos den el cien por cien, sino que deben estar al 110 por cien, y los empodera al decirles que sólo cada jugador sabe cuándo está ofreciendo su máximo. Otro argumento que utiliza con frecuencia es que tienen mucha gente apoyándolos y dependiendo de ellos. El club, la afición, la historia, el sacrificio... valen la pena.

Para poder motivar, no sólo debes descifrar lo que tu gente posee en su cabeza, sino, más importante aún, en su corazón. Debes identificar los códigos que abren su mente, despiertan su curiosidad o activan su sistema nervioso. Todas las personas tenemos algo que nos atrae o inspira, lo que denomino la «ventana de oportunidad». Encuentra ese espacio, sobre todo en su corazón, y verás que puedes estimular a tu equipo para conseguir retos que parecen imposibles.

Esta habilidad requiere desarrollar tu inteligencia emocional para ser consciente e identificar estas variables, que no son fácilmente reconocibles; requiere escuchar con atención, estar atento a lo que dice (y no dice) tu equipo, reconocer en qué momentos les brillan los ojos o qué cosas les ponen la piel de gallina.

Estos códigos son diferentes según el perfil de los equipos que lideres, por lo que con cada nuevo grupo deberás realizar otra vez este ejercicio de exploración. Para identificar rápidamente sus motivaciones, me ayudó mucho la formación en *coaching* profesional.

He conocido personas con un alto coeficiente intelectual que no son capaces de desarrollar esta habilidad social. Hay profesionales, sobre todo del mundo de la consultoría, que son estratégicamente brillantes, perfeccionistas y muy analíticos, pero no logran conectar con las personas y, por tanto, no pueden descubrir esos puntos motivacionales. El desafío para ellos es el de distinguir entre lo racional y lo emocional, lo perfecto y lo imperfecto, y que en ambos casos lo segundo es lo que mueve el mundo. Esta carencia les supone un freno en su desarrollo profesional futuro, ya que, para un determinado nivel de posiciones, esta competencia es clave.

Gracias también al *coaching*, aprendí algo que me ha servido mucho y es que para liderar un grupo debes actuar de forma diferente según el tema que se esté tratando; según esto, establezco tres posiciones del líder:

- **Líder en el centro**. Para temas que considere críticos, el líder estará en el «centro» de la sala, y el asunto pivotará constantemente alrededor de él. Por ejemplo, cuando era director general, la estructura organizativa era algo en lo que siempre quería estar implicado y tomar la última decisión, al ser la persona que poseía la visión global de la empresa, y no por departamentos.
- **Líder al lado**. Existen otro tipo de asuntos en los que líder será uno más en la reunión; es decir, su opinión será como cualquier otra del equipo, y, para esos temas, la decisión será por consenso. En mi caso, en decisiones estratégicas de una unidad de negocio participo de la discusión, pero respeto la opinión de la mayoría.
- **Líder fuera**. A veces, para temas que no consideres excesivamente relevantes, aun estando presente en la sala, el enfoque será el de permanecer al margen. Es decir, sin intervenir en la discusión y permitiendo que el grupo tome su propia decisión, sin ningún tipo de aportación por tu parte. En mi experiencia, por ejemplo, los objetivos que se

fijan a los comerciales o dónde se realiza la reunión nacional de la empresa son asuntos en los que no participo.

Gráfico 4.2. Las tres posiciones del líder

Fuente: Elaboración propia.

Liderarte a ti mismo

La última dimensión del modelo es cómo el líder mantiene la necesidad de aprender y seguir mejorando durante toda su carrera. Para ello destacaría que son muy importantes los siguientes aspectos.

Autoconocimiento

El directivo debe: reconocer muy bien sus fortalezas y áreas de mejora; ser consciente de lo que le gusta y atrae, y también de lo que no le atrae (y hacerlo explícito); conocer sus sesgos o la emoción que siente en cada situación, ya que puede condicionar su comportamiento o posterior decisión, y, por último, entender el impacto que genera, que transciende la vida profesional de sus empleados y que también influye en su vida personal.

Aunque uno no se dé cuenta de sus puntos fuertes y débiles, puedo asegurar que para los que nos rodean siempre resultan muy evidentes. En algunas ocasiones he sido testigo de profesionales que incluso han podido manipular a otros al conocer, mejor que ellos, sus debilidades.

En mi caso siempre he pedido un constante *feedback* de múltiples personas, no sólo para ajustar mi estilo de liderazgo al equipo y al contexto, sino para ser consciente (y no olvidarme) de las áreas en las que destaco y en las que debo enfocarme para mejorarlas. Dicen que soy una persona inspiradora, innovadora y exigente, con una alta velocidad de pensamiento, aprendizaje y acción. Sin embargo, reconozco que soy poco paciente y que, por tanto, desconecto con facilidad, lo que me puede llevar a conclusiones demasiado rápidas o juicios erróneos. Este conocimiento me ha llevado, por ejemplo, a «reducir una o dos marchas» la velocidad cuando lidero equipos para no perderlos por el camino, o a esforzarme por prestar más atención a las personas cuando tengo la sensación de que ya sé lo que me van a contar o cuando no me interesa el tema.

No existe ningún líder perfecto, lo importante es que seas consciente de tus virtudes y defectos.

Equilibrio «cerca-lejos»

Uno de los retos del líder es encontrar el equilibrio entre en qué temas o situaciones debes entrar al detalle («cerca») y en cuáles delegar o empoderar a otros («lejos»). Lo mismo sucede con las personas, con las que también hay ese equilibrio entre estar «cerca» o «lejos». No sabría describir los asuntos que entran en una categoría y en otra, porque creo que dependen del contexto, de la compañía y del ejecutivo. Mi aprendizaje, como con las prioridades, es explicitar a tu equipo en qué cosas entrarás en profundidad («*zoom in*») y en cuáles no te involucrarás directamente («*zoom out*»).

El *feedback*

Liderarte significa estar constantemente pidiendo *feedback*, tanto a tu jefe como a tus colaboradores. Los mejores líderes lo buscan de forma proactiva y, sobre todo, actúan rápidamente sobre él. Debes ser capaz de llevar tus áreas de mejora al menos hasta el punto de que no supongan una fricción en tu estilo de liderazgo, y por supuesto, apoyándote sobre todo en tus fortalezas.

Curiosamente, a la mayoría de nosotros nos gusta recibir *feedback* (como me decía siempre mi amigo Fernando Cuadra, director de recursos humanos en Vueling, «el *feedback* es un regalo»), pero sólo un 25 por ciento de las personas lo proporcionan proactivamente. Quiero resaltar aquí que el *feedback* no consiste sólo en compartir las cosas que crees que el otro debe mejorar, sino también en comunicar lo positivo. Esta última parte la solemos olvidar, y es multiplicadora, tanto en tu desarrollo como en el de tu equipo.

Uno de los ejercicios más agradecidos que practico es dedicar veinte minutos cada cuatro meses a compartir entre nosotros las fortalezas que vemos en los demás y lo que nos gusta de ellos. Es muy enriquecedor y aumenta la confianza del grupo. En un estudio titulado «Bad is stronger than good»[3] [Lo malo es más fuerte que lo bueno], varios investigadores demostraron que se necesitan al menos cinco comentarios positivos sobre alguien para que luego la persona se encuentre receptiva a aceptar un área de mejora.

El otro ejercicio que recomiendo para recibir un *feedback* honesto es el denominado «*new manager assimilation*». Consiste en, aproximadamente a los seis meses de haber comenzado en un nuevo cargo, reunir a tu equipo y pedirle que conteste a una serie de preguntas sobre tu estilo de liderazgo. Por ejemplo, qué deberías seguir haciendo, qué deberías cambiar o qué podrías empezar a hacer. El equipo lo discute con algún facilitador, sin la presencia del líder en la sala, y, tras unas dos horas de debate, te exponen después cuáles han sido sus respuestas. La teoría dice que se debe realizar sólo al cambiar de posición, pero mi experiencia es que es un ejercicio tremendamente útil para tener un pulso de los miembros de tu equipo, entender qué les gusta y qué cosas puedes mejorar; y por eso lo realizo una vez al año. Con frecuencia descubres pequeños ajustes que puedes hacer con poco esfuerzo y a los que tal vez no habías dado importancia, pero que pueden generar un impacto muy positivo.

3. Baumeister, R.; Bratslavsky, E.; Finkenauer, C.; y De Vohs, K., «Bad is stronger than good», *Review of General Psychology*, 5, 4 (diciembre de 2001).

Aprendizaje constante
Uno de los clásicos libros de *management*, *What got you here won't get you there*, escrito por Marshall Goldsmith, explica que las habilidades que llevaron a un profesional al éxito en los comienzos de su trayectoria profesional no serán las mismas que le permitirán (o incluso le podrían impedir) acceder a posiciones de mayor responsabilidad. Por ello, es crítico estar constantemente aprendiendo y que sea una prioridad en la agenda.

Cuidarse
Liderarte significa también dedicar tiempo para cuidarte y llevar una vida saludable. La salud es fundamental en la vida, y los directivos debemos responsabilizarnos de nuestro bienestar físico y emocional, y, en estos tiempos, también del de nuestros empleados. (Hablaremos en detalle de este punto en el capítulo 9.)

4.3. La visión estratégica en tiempos de crisis

El último punto que quería tratar dentro de la visión estratégica del liderazgo es algo a lo que todos nos hemos enfrentado o a lo que nos enfrentaremos en algún momento de nuestra carrera. Me refiero a la gestión de una crisis. Las crisis suelen aparecer de forma inesperada, y, por mucha visión estratégica que desarrollemos, os garantizo que siempre surgirán.

Cuando estudié mi MBA, recuerdo que uno de los primeros casos que estudiamos fue el de Perrier. La compañía tuvo que retirar súbitamente de todo el mundo sus botellas de agua por un fallo en el proceso de producción. El caso explica cómo gestionó una crisis global de forma satisfactoria. Sin embargo, existen multitud de ejemplos de empresas que han gestionado grandes crisis (Pepsi, United Airlines...) con resultados totalmente distintos.

Es en esos momentos complicados o de incertidumbre cuando verdaderamente se distingue a los mejores líderes. Cuando todo funciona bien —por ejemplo, si tu mercado está creciendo o el entorno económico es positivo—, resulta más fácil liderar y motivar. Por el contrario, cuando las cosas de repente no marchan como se espera y aparecen dificultades es cuando se descubre a los grandes directivos. Las crisis revelan cuál es su verdadero carácter, su compromiso, y hasta dónde se encuentran dispuestos a llegar por salvar su compañía. Destapan sus valores y su habilidad para liderar interna y externamente. En definitiva, las crisis descubren la auténtica cultura de una organización.

Como decía el boxeador Mike Tyson, todo el mundo tiene un plan hasta que te pegan un puñetazo en la cara. Las crisis son como terremotos, que dependiendo de cuán sólidos sean los cimientos de una corporación, pueden descomponerla o, de alguna forma, hacerla más fuerte. De hecho, en la lengua china el término *crisis* (*wei ji*) significa a la vez 'riesgo' (o 'peligro', *wei*) y 'oportunidad' (*ji*). Para Guibert Englebienne, uno de los fundadores de Globant, es en las crisis donde residen las mejores oportunidades. Así que no desperdiciemos nunca una crisis para reimaginar nuestra empresa y modelo de negocio, o bien para tomar decisiones que de otra forma no habríamos afrontado.

En este sentido, un buen ejemplo de gestión de la crisis por la COVID-19 fue la que realizó Glovo, la empresa de repartos a domicilio. Cuando se decretó el confinamiento, con muchos comercios cerrados y limitaciones a la movilidad, sus ventas cayeron más de un 90 por ciento. Escuché a Óscar Pierre, CEO de la compañía, decir que, como consecuencia, desgraciadamente tuvieron que reducir un 30 por ciento su plantilla, ya que se quedaron sin dinero en la caja. Pero aprovecharon la crisis para reimaginar la compañía, aumentar su eficiencia y la satisfacción del cliente. Tomaron decisiones que no habrían ejecutado si no hubiera sido por la pandemia. En definitiva, la crisis los ayudó a crear más valor para sus inversores.

No todos los líderes están preparados para liderar con éxito una crisis. A continuación expondré algunas cosas que he aprendido sobre la gestión de una crisis (ya que he afrontado varias, incluyendo la guerra entre Rusia y Ucrania o el conflicto de Israel con Palestina).

Diagnosticar si es o no es una crisis

Hay que aprender a identificar cuándo nos encontramos verdaderamente con una crisis, para no subestimarla, o si es sólo algo pasajero, para no sobrestimarla. Parece sencillo, pero no lo es. Existen muchos casos en los que las empresas han sobrestimado una crisis o un riesgo, lo cual las ha llevado a sobreactuar, tomando decisiones que las han dejado en una situación peor que en la que se encontraban.

Pensar como si fueras un nuevo CEO

Si un nuevo profesional tomara tu posición actual, ¿qué decisiones piensas que implementaría inmediatamente? Cuando realizas esta reflexión, probablemente te vienen a la cabeza dos o tres cosas que sabes que deberías abordar si fueras ese profesional. Eres consciente de que son positivas para el negocio y para el equipo, pero por alguna circunstancia no las quieres abordar. En las crisis hay que dejar atrás esa «mochila», ser valiente y actuar de la manera más objetiva posible. Tomar el timón de la organización, marcar el rumbo y ser responsable de las consecuencias.

En estos momentos críticos, hay que asumir riesgos, y no dudar en ningún momento. Las personas, tanto internas como externas a la compañía, estarán observándote y analizando cada una de tus decisiones (aunque no te des cuenta). Si te perciben dubitativo, verán en eso un signo de debilidad, lo cual pondrá en riesgo tu gestión.

Focalizarte en lo que puedes controlar

Uno de los libros más famosos del *management* es el escrito por Stephen Covey y titulado *Los 7 hábitos de la gente altamente efectiva*. Una de las cosas que me pareció muy práctica en este libro es lo que Covey denomina el «círculo de preocupación e influencia». Básicamente, el autor describe aquellos aspectos que son susceptibles de la influencia de un directivo (por ejemplo, tus acciones, tus pensamientos...), y a los que, por tanto, debes prestar atención, y otros aspectos que también son importantes, pero sobre los que no tienes ningún tipo de influencia (por ejemplo, lo que piensen los demás, el contexto político...).

Con frecuencia observo a muchos ejecutivos inquietos por cosas que, aunque sean relevantes para sus negocios, se encuentran totalmente fuera de su área de control. Esto conlleva una falta de priorización, provoca confusión en los equipos y, lo más importante, no crea valor para los accionistas ni para la sociedad.

Mi aprendizaje ha sido el de focalizar mi energía únicamente en los primeros, y no preocuparme de aquellos que están fuera de mi zona de control. Creo que es un síntoma de madurez en un directivo. Mi responsabilidad es hacerlo siempre lo mejor que puedo, y eso es lo que intento en los temas en los que puedo influir. Ocuparme del resto lo veo como una pérdida de tiempo y energía.

Equipo

Como siempre en el liderazgo, hay que rodearse de un equipo compuesto por los mejores en sus áreas de conocimiento y en los que confíes al cien por cien. Los expertos son los que tendrán que explicar los argumentos técnicos, no el líder. También contar con personas de los niveles más bajos de la organización, pues muchas veces son las que pueden conocer exactamente por qué se ha producido la crisis y las potenciales soluciones.

Sobrecomunicar

En cualquier crisis, o incluso en los procesos de transformación, debes comunicar frecuentemente. Idealmente hay que salir a comunicar lo más rápido posible y ser el primero en informar. Hay que transmitir seguridad y determinación, que los accionistas sientan que existe un plan y la situación está bajo control. Uno de los aprendizajes de la quiebra de Silicon Valley Bank en Estados Unidos en 2023 fue precisamente éste. No salieron a comunicar rápidamente, y dejaron que las redes sociales diseminaran el miedo y la confusión entre sus clientes.

Una buena estrategia de comunicación en redes sociales se ha vuelto crítica en las empresas. Donde está la verdadera «batalla» de comunicación hoy en día es precisamente en este tipo de plataformas como X (antes Twitter), Facebook, etcétera. Se ha democratizado el acceso a la información, y también la dimensión de las opiniones, que ahora pueden alcanzar un impacto global. Para los directivos con más experiencia, la comunicación digital es un tema muy importante que no hay que subestimar y por ejemplo dejarlo en manos del *community manager* o de profesionales júniores.

Hay que comunicar siendo lo más transparente posible, tanto a los *stakeholders* externos como a los empleados. Probablemente no dispongas de todas las respuestas, pero es mejor reconocer que todavía no se ha encontrado una solución para un determinado problema que intentar ocultarlo.

Resiliencia

La gestión de una crisis suele ser larga, hay que aguantar el desgaste y saber negociar. En la negociación, hay que encontrar soluciones intermedias, evitando que haya vencedores y vencidos. Cómo se comunica el acuerdo, externa e internamente, también debería formar parte del pacto.

Hay que ser estratégicos y analizar exhaustivamente las potenciales salidas a una crisis desde el principio. Aunque *a priori* parezca que no existen soluciones, con un poco de tiempo el tema suele ir madurando y pueden aparecer alternativas que no se habían contemplado anteriormente. Por eso es importante ir despacio, y también pensar en las derivadas futuras de cada una de las decisiones que se tomen.

Otro de mis aprendizajes se refiere a saber gestionar cuándo le presento a mi interlocutor mi solución a una crisis. Según mi experiencia, no hay que proponerla ni demasiado pronto ni demasiado tarde. Si lo haces rápido, puedes dar la sensación de que tienes cosas que ocultar o que tienes prisa por cerrar la crisis. La prisa es el enemigo número uno en una negociación. En el otro extremo, dilatar la negociación en el tiempo puede desgastarte demasiado y que el riesgo se multiplique con el paso de los días.

Los empleados primero

Recuerdo que, justo tras los atentados del 11 de septiembre de 2001 en Estados Unidos, Meg Whitman, CEO de Ebay en aquel momento, lo primero que hizo fue asegurar, por este orden, la seguridad de los empleados, la empresa y el país.

Tras comprobar que todos sus trabajadores estaban a salvo y que la empresa no había sufrido ningún daño que hiciera peligrar su continuidad, en menos de tres días después de los atentados lanzó el programa Auction for America («Subasta por América»). Una iniciativa que recaudó más de diez millones de dólares para donar a los afectados por este terrible suceso.

La estabilidad laboral y económica y el bienestar social de tus equipos debe ser la primera prioridad en la gestión de una crisis. Su continuidad laboral en la empresa será su máxima preocupación en este tipo de situaciones. Para ello es importante atajar la crisis con una visión inspiradora que muestre el futuro de la compañía después de que pasen las turbulencias. En esos momentos, no importa si la visión es perfecta, pero sí que los empleados sientan que hay un rumbo claro. Como siempre digo, la gente sigue a quien sabe dónde va, aunque los líderes no estén seguros desde el principio de que sea la dirección correcta.

Suerte

El 80 por ciento de los directivos decimos que la suerte ha influido en nuestra carrera profesional. Es cierto que, cuando trabajas duramente, te preparas, te formas continuamente y cuentas con un buen equipo, el porcentaje de suerte que se necesita para triunfar disminuye. Pero todos hemos escuchado alguna vez lo de «estar en el sitio adecuado en el momento adecuado», y yo coincido con esa idea. La suerte en las crisis también influye para salir bien de ellas. Si, además de una buena gestión, te sonríe la suerte, seguro que le irá mejor a la compañía.

Sin solución

Algunas crisis no tienen solución, y hay que aceptarlo. En España, un ejemplo fueron las crisis por el cierre de los astilleros en Valencia. A pesar de que suponía dejar a mucha gente en el paro (algo que no le gusta a nadie) y de la presión social en la calle, no existía ningún argumento para que estas fábricas siguieran en funcionamiento. Simplemente, no se podía hacer nada más. Como líder, hay que saber cuándo debes aceptar que la crisis va a ser imparable y cómo comenzar a preparar un escenario de salida que sea lo más justo posible con los trabajadores y los accionistas.

Ideas fuerza del capítulo 4: liderar con visión estratégica

- Una estrategia significa normalmente renunciar a algo y, básicamente, poder contestar a estas dos preguntas: **¿dónde jugar?** («*where to play?*») **y ¿cómo ganar?** («*how to win?*»).
- **La visión estratégica del liderazgo implica al mismo tiempo liderar el negocio, a tu equipo y a ti mismo**. És-

tas son las tres dimensiones clave para obtener resultados extraordinarios y que sean sostenibles.

- Para desarrollar esta capacidad estratégica es fundamental, por un lado, **dedicar tiempo a reflexionar sobre cómo serán el entorno y el mercado en los próximos años**, tener una obsesión por conocer mejor que nadie a tus clientes, y, por otro lado, **ser consciente de las tendencias y las mejores prácticas en sectores económicos distintos al tuyo**.
- A pesar de esta mirada estratégica, **las crisis serán algo que debemos esperar y gestionar**. La clave es tener coraje para tomar decisiones difíciles cuando sea necesario, ser transparente con los accionistas, los trabajadores y la sociedad, y ser resiliente y no abandonar nunca, especialmente si tus valores, tu misión o tu propósito corporativos están en juego.

5

Liderando desde el corazón más allá de la tecnología

> Cuanto más alto llegamos, más pequeños somos para la gente que no puede volar.
>
> FRIEDRICH NIETZSCHE, filósofo

En este capítulo explicaré el perfil y las cualidades que creo que deberán poseer los líderes del futuro y cómo poder llevar el corazón al trabajo para liderar desde un nivel superior. Estoy convencido de que la parte humanística del liderazgo será la que marcará la diferencia con las tecnologías y la inteligencia artificial.

5.1. El líder del futuro: humanizando el liderazgo

Los ejecutivos excepcionales gozarán de las siguientes siete capacidades humanísticas:

- Valores
- Autenticidad
- Humildad

- Estar presentes
- Adaptabilidad
- Ética
- Ser tecnológicos

Valores

En la película *El último samurái*, protagonizada por Tom Cruise, me fascinó observar cómo aquellos valientes guerreros japoneses se dedicaban por completo a un conjunto de valores o principios morales. La filosofía de un samurái era la basada en el *bushido*, que significa 'camino del guerrero'. Se componía de siete principios morales muy estrictos: integridad, respeto, valor, honor, compasión, honestidad y lealtad. Vivir estos valores y llevarlos a su máxima expresión permitió a los samuráis ser reconocidos como los hombres más poderosos y fieros de su época, y a la vez los más justos y honorables. Como los samuráis, los líderes del futuro definirán un conjunto de valores que serán el centro de gravedad de sus compañías.

Recuerdo una conversación con un miembro de mi equipo en España en la que me dijo que su objetivo era extraer el máximo valor de las empresas en las que trabajaba, ya que las compañías multinacionales ganaban mucho dinero. Me pareció un comentario totalmente respetable, pero que no estaba alineado con mis valores ni con los de Novartis. Un tiempo después, esta persona, que era un buen profesional, acabó abandonando la compañía. Creo que nadie, por mucho talento que tenga o valor que aporte, se encuentra por encima de los valores de una organización. Uno de los principios de la cultura de LinkedIn es precisamente éste, siempre «*we over me*» ('el *nosotros* antes que el *yo*').

Los líderes humanistas crearán un entorno de confianza plena, con unos valores claros e innegociables, para que emerjan los comportamientos adecuados.

Autenticidad

Según la mayoría de los estudios, la honestidad es la cualidad más valorada en los líderes más admirados. Los directivos serán tremendamente sinceros, quizá no diciendo siempre lo que piensan (aunque sí en la mayoría de los casos), pero nunca expresando algo en lo que no crean.

En mi opinión, la autenticidad está ligada a ser tú mismo, siendo transparente con tus fortalezas y debilidades. Se trata de reconocer nuestra imperfección y, en lugar de verla como una amenaza, sentirnos cómodos con ella y considerarla como una oportunidad para crear mayor conexión y confianza. No debemos tener miedo a mostrar nuestra vulnerabilidad o compartir abiertamente nuestros errores. Las personas, especialmente los *millennials* y las generaciones siguientes, ya no esperan ni creen en los líderes perfectos. Al revés, mostrarte vulnerable se convertirá en una fortaleza. En el futuro, la perfección será la imperfección.

Estos directivos carecerán de una agenda oculta —como sí sucede muchas veces en las grandes corporaciones—, dedicarán el tiempo justo a las políticas internas y siempre tomarán las decisiones pensando en qué es lo mejor para su compañía, sus accionistas y la sociedad.

La autenticidad se encuentra en muchos casos ligada a la coherencia —lo que se denomina en inglés el «*walk the talk*», que básicamente se refiere a hacer lo que dices—. Cuando las personas sepan qué esperar de ti y seas predecible, confiarán y trabajarán de forma efectiva contigo. Por el contrario, si eres incoherente en tu comportamiento o dirección, esto generará desconfianza y desmotivación en los equipos.

Humildad

Cualquier líder debe ser tremendamente humilde. En su libro *Good to great*, Jim Collins dice que los profesionales que alcanzan el nivel máximo de liderazgo son aquellos que combinan precisamente la humildad con una fuerte voluntad.

Serán humildes, pero con una desproporcionada ambición por alcanzar retos importantes y resultados extraordinarios. Un concepto que me gusta mucho es el de *humbition*, la combinación de humildad y ambición.

A veces se malinterpreta qué es ser humilde. No significa que no tengas aspiraciones o no quieras promocionarte en la empresa o conseguir los objetivos más ambiciosos. Para mí, ser humilde incluye tener todos estos objetivos, pero abordarlos con un propósito legítimo, con valores y sin dañar a otros por el camino.

Uno de los riesgos más claros que existen cuando eres un alto directivo es creerte una persona importante. Cuando ostentas un cargo relevante, obviamente gozas de ciertos privilegios. Algunos serán materiales, como, por ejemplo, disponer de un mejor coche de compañía, pero existen muchos inmateriales, de los que no somos conscientes. Éstos son, en mi opinión, los más peligrosos. Por ejemplo, todo el mundo quiere reunirse contigo y tu agenda está siempre llena, sintiéndote así importante; la mayoría te intenta complacer o agasajar e incluso, cuando en una reunión realizas alguna broma, la mayoría de la gente se ríe (aunque sea una broma mala..., y ese tipo de cosas nos gustan a todos (aunque alguno diga lo contrario).

¿Qué crees que ocurrirá el día (que llegará) en el que ya no tengas ese puesto de alta responsabilidad? Por supuesto, los beneficios materiales desaparecerán de inmediato, y los inmateriales también. Desgraciadamente he visto a muchos profesionales que han sufrido a la hora de hacer la transición a volver a ser una persona «normal». Mantener esta humildad a lo largo de tu carrera profesional no es fácil, sobre todo cuando llegas a CEO, pero hay que saber diferenciar entre la persona y el cargo. Recuerda quién eres, de dónde vienes..., y no el cargo que temporalmente ostentas.

Un ejemplo que recuerdo es una anécdota de Fred Simoes, en aquel momento director financiero de Novartis España, que impactó mucho en toda la organización. Un día especialmente gélido de invierno en Barcelona, mientras entraba con su coche en el aparcamiento de la oficina, observó a uno de los guardias de seguridad que estaba pasando mucho frío en la calle. Al llegar a su oficina, pensó en este hombre y se le ocurrió bajarle un café bien caliente. Fred nunca pensó que alguien se daría cuenta de este hecho, pero puedes imaginar la relevancia y el impacto que generó en toda la empresa.

Paul Hudson, actualmente CEO de Sanofi, siempre decía: «*I take my job seriously, but I don't take myself very seriously*» («Me tomo mi trabajo muy en serio, pero yo no me tomo muy en serio»). Otro buen ejemplo de tener los pies en el suelo y ser humilde.

Uno de los síntomas de esta falta de humildad en altos ejecutivos la he visto reflejada cuando, por las razones que sean, abandonan una empresa. Muchas veces piensan que sin ellos la compañía dejará inmediatamente de tener éxito o de conseguir clientes, obtener beneficios, e incluso que puede desaparecer. Esto es algo que reconozco que podría ocurrir en *start-ups*, en empresas pequeñas o en las que haya poco empoderamiento y todo gire alrededor de una persona. Pero las grandes multinacionales están organizadas, afortunadamente, para que nadie sea imprescindible. Por supuesto que los cambios de altos directivos generan un impacto, pero lo generan a medio o largo plazo, y pocas veces a corto plazo.

En 2017, el papa Francisco realizó el primer TED Talk de la historia de la Iglesia católica, y habló precisamente de la humildad. Sus sabias palabras fueron las siguientes:

> Cuanto más poder tienes, más impacto tendrán tus acciones en la gente, por lo que mayor responsabilidad tendrás de ser humilde. Si no lo eres, tu poder te destrozará, y tú destrozarás a los demás. El poder es como la ginebra con el estómago vacío; hace que te dé vueltas la cabeza, te emborrachas, pierdes el equilibrio y te lleva a hacerte daño o a hacérselo a los otros, si no lo juntas con la humildad. Con la humildad, el poder, el más fuerte, se convierte en servicio a los demás.

Me pareció muy interesante pues, además de mencionar la humildad, hizo referencia a la otra cara del liderazgo, aquella por la que los ejecutivos se aprovechan de su cargo para cometer acciones poco éticas, como, por ejemplo, manipular a otros o cometer abusos de poder. Cuando desde una posición de responsabilidad se ejemplifican comportamientos no éticos, como la falta de lealtad o el manejo selectivo de información en beneficio propio, estamos frente a la antítesis de lo que significa el liderazgo, y ello conlleva normalmente consecuencias nefastas para la empresa, los empleados y la sociedad. En mi opinión, la vida acaba poniendo a cada uno en su sitio, y este tipo de líderes poseen fecha de caducidad.

Estar presente

Seguro que alguna vez has ido al médico y, mientras le cuentas tus síntomas y lo mal que te sientes, fija sus ojos en el ordenador mientras escribe en tu historia clínica, en lugar de mirarte y mostrar empatía. ¿A quién no le gustaría, mientras está en la consulta, sentir que el médico está con él al cien por cien?

En un mundo en el que todos compiten por nuestra atención, centrarte completamente en la persona que está junto a ti posee un valor incalculable. Te aseguro que todos percibimos inmediatamente cuando, por ejemplo en una reunión, el contenido que estamos presentando capta totalmente el interés de los presentes, o, por el contrario, percibimos si están en modo *multitasking* (física o mentalmente). Atender con atención es un signo de empatía, comprensión o interés genuino por la otra persona. El impacto que generas cuando lo consigues es muy grande, ya que a todos nos gusta sentirnos escuchados. Me pregunto si las máquinas podrán transmitirnos alguna vez esta sensación.

Uno de los aspectos que me fascinan de Vas Narashimhan, CEO de Novartis, es que en todas las reuniones a las que asiste está siempre totalmente presente (o al menos así me lo parece). Lo admiro porque, al estar constantemente viajando por países, con multitud de asuntos por atender, con la agenda llena e interactuando con personas fascinantes, conseguir esa presencia me resulta asombroso. Entendería perfectamente que, en ciertas ocasiones, sobre todo cuando se discuten temas muy alejados de la estrategia de la compañía, se pueda llegar hasta a aburrir y desconectar. En cambio, siempre permanece curioso a lo que le están contando, independientemente del nivel que posean en la organización. Por tanto, el impacto que genera como líder es brutal.

Probablemente te ha ocurrido que, después de trabajar duramente en un proyecto, has pensado que tus superiores no han demostrado el suficiente interés. Que tu esfuerzo ha servido de poco y, por tanto, tu motivación disminuyó considerablemente. Por el contrario, sentirte valorado aumenta significativamente tu compromiso y rendimiento.

En su libro *The power of full engagement*, Jim Loehr y Tony Schwartz explican que los tenistas no están concentrados al cien por cien todo el partido, ya que sería imposible estarlo durante las más de dos horas que suelen estar en la pista. Lo que hacen es focalizarse justo antes de empezar cada punto, y relajarse al acabarlo, y así sucesivamente. De esta forma, pueden aguantar la concentración durante mucho más tiempo. Como ejecutivo sucede algo similar, debes ser consciente de en qué momentos específicos de la agenda del día debes brillar o estar al cien por cien. Mi experiencia me dice que serán sólo dos o tres momentos, pero tienes que asegurarte de que en esos momentos, reuniones o tareas puedas ofrecer tu mejor versión. El resto del tiempo, te podrás relajar y no estar tan concentrado.

Tan sólo el 1 por ciento de las acciones y decisiones que haces en tu día a día es lo que condiciona el 99 por ciento restante. Esto no quiere decir que ese 1 por ciento sea fácil de llevar a cabo, en absoluto. Pero, si somos capaces de identificar y llevar a buen término ese 1 por ciento, eso es lo que marcará la diferencia.

El tiempo es algo que no se puede recuperar, por eso es tan valorado. El impacto que puedes tener con los equipos estando presente es inmenso. Recuerda que la gente olvidará lo que has hecho, pero nunca olvidará cómo la has hecho sentir.

Adaptabilidad

Uno de los coeficientes más famosos del mundo es el coeficiente intelectual. En los primeros años de la «era del *management*» este indicador era uno de los más valorados a la hora de contratar talento. Con la aparición del libro de Daniel Goleman, *La inteligencia emocional*, se viró a considerar el coeficiente emocional como el referente para elegir a las nuevas personas que se incorporaban a una empresa.

En los últimos años, y debido a los acelerados cambios exponenciales que se están produciendo, todo apunta a que, en el futuro, el coeficiente de éxito será el denominado coeficiente de adaptabilidad. Este indicador valora el grado de habilidad de un ejecutivo para adaptarse a los cambios del entorno y para hacer pivotar las estrategias corporativas según la evolución del mercado. Los líderes con altos niveles de este coeficiente son tremendamente fluidos y adaptables. No evitan las transformaciones, sino que, al contrario, las provocan.

Esta habilidad para cambiar rápidamente implica varios aspectos: estar cómodo (e incluso disfrutar) con la incertidumbre; ser consciente de que no tendremos siempre todas las respuestas y de que nunca estará todo bajo control; aceptar que todo puede alterarse en cualquier momento, y, en lugar de verlo como una amenaza, tomarlo como una oportunidad. Debes aprender a convivir con el cambio. Si no eres capaz de gestionar esta incertidumbre, sufrirás y no serás feliz.

Uno de mis aprendizajes de liderazgo es no esperar a tener el cien por cien de la solución perfecta para un determinado desafío. Siguiendo la famosa ley de Pareto, en el mundo actual, con un 80 por ciento puede ser suficiente y no hace falta buscar la perfección, ni la de nuestros equipos, en todo lo que hacemos. De esta manera podrás abarcar más temas y ser más efectivo, lo mismo para los que te rodean.

Un punto que quería comentar en este apartado, ya que nos ha sucedido a todos, es cómo gestionar a un nuevo jefe. La teoría dice que el líder se debe adaptar a su equipo. Sin embargo, existe un famoso artículo titulado «Managing your boss», escrito por

John Gabarro y John Kotter, donde sus autores opinan que también nosotros debemos acomodarnos a su estilo de liderazgo. Los cambios de líderes pueden ser un buen examen para medir la adaptabilidad de tus empleados.

Cuando trabajé en Italia, reportaba a Lidia Fabiani, directora de marketing de Novartis Oncology para Europa. Lidia es de origen italiano, una excelente profesional y muy creativa y orientada a las personas. Al mismo tiempo, y sin caer en estereotipos, no era nada puntual y cambiaba constantemente la agenda. En mi caso no tuve ningún problema para conectar con ella (probablemente porque yo tampoco soy puntual), pero, en cambio, un compañero holandés sufría mucho, pues para él llegar tarde era una falta de respeto. Por tanto, mi colega pensaba que era Lidia la que debía cambiar, y, en lugar de focalizarse en sus fortalezas y lo que podía aprender de ella, entraba en bucle con este tema y nunca llegó a conectar con ella. Es un ejemplo de falta de adaptación al jefe, alineado con el artículo recién mencionado.

Algo a lo que en el pasado no le daba importancia, pero que aprendí que es relevante, es que, cuando comienzas en un nuevo cargo, debes conocer el tipo de liderazgo de tu predecesor. Las personas de tu equipo estarán acostumbradas a una determinada forma de trabajar. Si tu estilo o los temas que para ti son prioritarios son diferentes, no debes subestimar el tiempo que les llevará habituarse al nuevo marco de trabajo (a unos más que a otros).

Me acuerdo de que, en una ocasión, la persona a la que sustituí como director general había desarrollado la mayor parte de su trayectoria profesional en el departamento de finanzas. Naturalmente prestaba gran atención al control de gastos de la compañía. En mi caso, con un bagaje profesional mayoritariamente en el área comercial, mi prioridad siempre había sido la de crear nuevas oportunidades de negocio para aumentar las ventas, sin prestar tanta atención al margen operativo. Teniendo en cuenta que era la misma compañía, a la organización le costó entender el cambio de enfoque y que, con mi llegada, las prioridades habían cambiado. En mi caso, la manera de alcanzar los beneficios esperados era a través de aumentar las ventas, mientras que en el pasado era por un estricto control de los costes. La nueva cultura se palpaba, por ejemplo, en las reuniones de revisión de negocio, en las que todas mis preguntas giraban alrededor de qué necesitaban los equipos para aumentar el diagnóstico de una patología o acceder a más pacientes, en lugar de en cómo encontrar eficiencias o sinergias.

No se trata de que un enfoque fuera mejor o peor. Lo relevante es comprender que a la gente le llevará cierto tiempo adaptarse y pasar de un estilo a otro, que tendrás que explicar muchas veces el elemento racional del cambio de prioridades, los beneficios, y acompañarla en el camino para que no se quede atrás, o no te quedes solo.

Ética

Desgraciadamente, en los últimos años hemos sido testigos de escándalos empresariales de gran magnitud, como el caso Enron o el de las emisiones nocivas de los coches Volkswagen. Las expectativas de la sociedad han aumentado considerablemente en relación con el comportamiento ético de las empresas y los ejecutivos. En muchos casos se exigen unos niveles de integridad mayores que a los propios funcionarios públicos. Por tanto, nuestro compromiso de responsabilidad social debe ser cada vez más alto.

Únicamente con unos estándares de cumplimiento normativo y buenas prácticas (el *compliance*), que excedan incluso las expectativas de los gobiernos y la sociedad civil, podremos mejorar la imagen que poseen muchos ciudadanos de las empresas. Debemos comunicar mejor el valor que aportan, más allá de los resultados financieros. Xavier Marcet explicó muy bien la diferencia entre lo que es un negocio y lo que es una empresa. Para él, un negocio es como un artefacto para especular y obtener un beneficio, en el que normalmente alguien ganará o perderá; mientras que una empresa es una comunidad de gente alrededor de un propósito y que, para sobrevivir, debe ser capaz a la vez de generar valor corporativo y social. Este valor se traduce, por ejemplo, en nuevos empleos o en una mejor calidad de vida para los ciudadanos.

La integridad debe ser un valor fundamental al que los líderes hagan constante referencia. Esto es lo que se denomina el «*tone of the top*» ('tono desde lo alto'). Debemos asegurar que la ética está instaurada en todos los niveles de la organización, especialmente en los mandos medios, con tolerancia cero a comportamientos inadecuados. Para muchos asuntos corporativos, su nivel de exigencia se suele ir diluyendo a lo largo de la cadena de mando, pero, al ser la reputación algo tan crucial, sugiero ser siempre muy estricto.

La integridad es una de las competencias que valoro en especial en las entrevistas de trabajo. No existe ninguna empresa ética que no cuente con trabajadores íntegros. El objetivo es que todos los empleados comprendan los beneficios de este tipo de comportamientos, tanto para los clientes y para la empresa como para ellos mismos. En muchas ocasiones, la responsabilidad de los actos de un administrador de una empresa es personal, e incluso están penados con cárcel.

La mayoría de nosotros no compraríamos un producto de una compañía que supiéramos que no es ética, por ejemplo, si utilizara niños en su proceso de fabricación para abaratar costes, aunque fuera mejor o más barato. Tampoco creo que un líder que no fuera ético pudiera convertirse en un referente para nadie; si quieres que te sigan, tu comportamiento debe ser siempre ejemplar e intachable. Como directivo, tu reputación lo es todo, si la pierdes, lo perderás todo.

Jesper Brodin, CEO de Ikea y amante de la innovación, dice que él aprueba todos los proyectos innovadores que le llegan siempre que no piense que la iniciativa pueda llevar a Ikea a la bancarrota, dañe la reputación corporativa o sea ilegal.

En este aspecto, en mis clases utilizo la analogía del semáforo para explicar el dilema que con frecuencia afrontamos muchos directivos. Cuando conducimos, es evidente que si el semáforo está en verde podemos circular, y si se encuentra en rojo tendríamos que detenernos. La pregunta es qué sucede cuando el semáforo está en ámbar. Algunos dicen que acelerarían si llegaran tarde a algún sitio o si no vieran a nadie por la calle, mientras que otros opinan que pararían para no correr ningún riesgo. La dificultad reside en que la mayoría de veces los ejecutivos nos encontramos en la situación de ámbar. No poseo la respuesta perfecta, ya que depende de muchas circunstancias pero con la presión añadida de alcanzar los objetivos que sufrimos todos. Sin embargo, en mi experiencia, la decisión correcta es siempre la decisión correcta. Que nada ni nadie te lleve nunca a aceptar lo inaceptable.

Una pregunta que me hago cuando me proponen algún proyecto nuevo o participar en alguna iniciativa es qué pasaría si por realizarlo saliéramos en la portada del periódico más importante a nivel nacional. Me planteo si estaría cómodo explicando su elemento racional y si a la gente, aun siendo legal, le parecería moral.

Recuerdo que Jesús Acebillo me dijo que el objetivo de Novartis no era ganar dinero, ni ser la empresa número uno ni la que alcanzara la mayor cuota de mercado. La meta era que fuera considerada la empresa más respetada. Me quedé perplejo al escuchar sus palabras, y reconozco que estuve años sin entenderlo. Con el tiempo he comprendido que conseguir la confianza de los clientes, de los proveedores y de la sociedad debería ser la primera prioridad de las empresas, ya que todo lo demás se construye a partir de ahí.

De hecho, durante muchos años los directivos opinaban que «el negocio de los negocios es el negocio» (en inglés, «*the business of business is the business*»). La expectativa actual y futura es que «el negocio de los negocios es la sociedad» («*the business of business is the society*»). Es decir, que la creación de valor debe ir más allá de la propia empresa y también destinada a la sociedad. Por ello, recientemente ha tomado mucha relevancia el concepto de ESG (*environmental, societal and governance*) para determinar cómo las compañías implementan en su estrategia los valores de concienciación ambiental, social y de gobernanza. La estrategia de ESG ha pasado a ser clave, por ejemplo, en la capitalización de una corporación en bolsa y, según algunos expertos, representa hasta un 70 por ciento de su valor.

Actualmente, todas las organizaciones necesitan una estrategia sólida de ESG que las ayude a mejorar su reputación externa y la relación con sus accionistas, así como que les permita atraer a los mejores profesionales. En este aspecto, me gustó un artículo de Markus Graf publicado en LinkedIn titulado «Human capital ESG is not a nice-to-have, it's the foundation of successful companies», que describe perfectamente los desafíos y beneficios de desarrollar con éxito una estrategia de ESG.

En los últimos años, sobre todo con la aparición de nuevas tecnologías, como la inteligencia artificial, nos hemos dado cuenta de que su uso descontrolado puede provocar consecuencias inimaginables para la humanidad. En 2023, más de mil expertos en esta área, entre los que se encontraban el empresario Elon Musk y el cofundador de Apple Steve Wozniak, firmaron una carta pidiendo pausar el desarrollo de ChatGPT para intentar regularlo y reflexionar como sociedad acerca de sus beneficios y amenazas.

Lo que subyacía detrás de esta iniciativa era precisamente cómo incorporar la ética en ese nuevo mundo donde las máquinas jugarán un papel fundamental. Los directivos del futuro deberán asegurar que la integridad esté presente en todos los algoritmos y, por tanto, en nuestra toma de decisiones.

Ser tecnológicos

El futuro del trabajo estará centrado en los seres humanos pero potenciado por las nuevas tecnologías. Hemos comentado anteriormente el enorme impacto de las nuevas tecnologías en toda la cadena de valor de las empresas. Aunque estamos describiendo las competencias que diferenciarán a los líderes de ellas, un aspecto importante para los directivos será conocerlas. Para liderar más allá de la tecnología deberán comprender no sólo las herramientas actuales, sino también las futuras, identificar con antelación su potencial y convertirlo así en una ventaja competitiva. La tecnología es la principal fuerza motora de la innovación.

Estoy convencido de que, para la mayoría de los trabajos, la tecnología no sustituirá a los profesionales, pero también creo que los directivos que utilicen las tecnologías reemplazarán a aquellos que no las usen, ya que aumentarán su capacidad y eficiencia en el desempeño laboral.

El algoritmo de muchos directivos todavía está basado en identificar un problema o una necesidad de un cliente, para luego utilizar la tecnología a fin de resolverlo. Los ejecutivos del futuro pensarán primero en las tecnologías, y después en qué lograr con ellas.

5.2. ¿Cómo liderar desde el corazón?

El corazón es un órgano que no sólo sirve para que el cuerpo funcione, sino que también controla nuestras emociones y toma las decisiones más importantes de nuestra vida: las personas a las que amamos, si queremos tener hijos, el lugar donde elegimos vivir... Es difícil de creer, pero el corazón también es capaz de sentir, pensar y decidir. Contiene alrededor de 40.000 neuronas, y eso lo convierte, para nuestra admiración, en una perfecta extensión de nuestra mente. Anne Marquier, fundadora del Quebec Institute for Personal Development, ha demostrado que el corazón puede incluso tomar decisiones independientemente de nuestro cerebro. A mis *mentees* les sugiero que en la vida hagan normalmente más caso a su corazón que a su mente.

Cuando logres llevar el corazón al trabajo sentirás una conexión profunda contigo mismo, con tus valores y tu propósito. Rebosarás de pasión y energía, conectando mucho más con los que te rodean al verte más cercano. Podrás abrir sin miedo tu vida, ser empático y que los demás lo sean contigo. Lidera siempre con la mente fría, pero con el corazón caliente.

En este sentido, Brené Brown opina que los líderes deben ser por un lado *soft at front* generando empatía y con autenticidad, y *strong inside*, por otro, liderando con valores, resiliencia y confianza. Y por último poseer *wild hearts*, esto es, atreverse a soñar y a seguir sus pasiones para conseguir una vida plena.

Los líderes humanistas poseen la habilidad de llevar su corazón al trabajo cada día, y conseguir que sus equipos también lo hagan. Para lograrlo, sugiero trabajar en estos cuatro pilares:

- Establecer conexiones
- Generar empatía
- Crear entornos psicológicamente seguros
- Generar diversidad e inclusión

Después de exponer estos cuatro aspectos, veremos también el poder del *storytelling* para liderar desde el corazón.

Establecer conexiones

Las nuevas tecnologías han cambiado positivamente nuestra manera de vivir, pero nos han hecho perder un poco el contacto entre los seres humanos. Hay menos momentos de conexión física en el entorno laboral, algo desencadenado también por la pandemia de la COVID-19 y por el aumento del trabajo en remoto (el cual, por otra parte, posee otras ventajas). Los líderes tendrán que aprovechar las escasas ocasiones en las que las personas estén presentes para crear conexión entre ellas. Los beneficios de los equipos que están más conectados están sobradamente demostrados: se generan un mayor compromiso, más innovación, sentimiento de pertenencia y, finalmente, mejores resultados. Es un tipo de liderazgo que no sólo implica saber conectar con tus empleados, sino también con tus clientes y *stakeholders*. Esta conexión holística es lo que te permitirá verdaderamente crear valor para la sociedad.

Liderar desde el corazón implica establecer vínculos de confianza con las personas, que se pueden construir desde tres dimensiones diferentes:

- **Racionalidad**. La mayoría de los líderes conectan principalmente desde una perspectiva racional, apelando a datos objetivos para lograr el enganche con sus equipos.
- **Cultura**. Algunos son capaces de crear esta conexión a través de la dimensión cultural. Por ejemplo, en empresas

multinacionales, los directivos expatriados realizan a veces el esfuerzo por aprender el lenguaje local para poder conectar mejor con sus empleados.
- **Emoción**. Por el contrario, el líder del futuro será capaz de conectar sobre todo desde la emocionalidad, que es desde donde se establecen los vínculos más sólidos con las personas. Por supuesto que utilizará la razón y los aspectos culturales en muchos casos, pero el desafío es utilizar indistintamente las tres dimensiones según el contexto.

Las dos primeras de estas dimensiones serían las que más comúnmente he apreciado en los ejecutivos actuales.

Como comentamos en el capítulo 3, sobre gestión del cambio, primero hay que ganar los corazones de las personas, y luego la mente. Para ello debes encontrarte «emocionalmente disponible». Esto significa estar cognitivamente abierto a sus sentimientos y emociones, a ponerte en el lugar de ellas para poder entenderlas, y a que se puedan ver reflejadas en ti. Se percibe fácilmente cuando un líder abre un espacio emocional para que otros puedan conectar.

Además de la conexión, para poder liderar desde otra dimensión es necesario crear un vínculo con la gente con la que trabajas. Se puede conseguir de varias maneras, pero, según mi experiencia, es mejor a través del reconocimiento del trabajo de los que te rodean, mostrando interés genuino por ellos o trabajando en algo juntos. Una relación positiva y que perdure en el tiempo se basa en un ejercicio recíproco de dar y tomar. Si se pierde este equilibrio, en algún momento se romperá la relación.

Dudo que los seres humanos podamos llegar a conectar con las máquinas o los robots. Son perfectos, no tienen sentimientos, no se emocionan. Por ello creo que la imperfección es lo que nos hace conectar entre nosotros. La vulnerabilidad, la autenticidad o la empatía es lo que facilita la conexión entre los seres humanos.

Un aprendizaje que Kathryn Maiolo compartió conmigo mientras trabajaba en Estados Unidos fue que, precisamente, para conectar con los equipos, debes abrirles al menos una parte de tu vida personal. Puede ser la que cada uno quiera: tus hijos, tus aficiones... Pero, sin compartir algo de tu vida fuera del trabajo, es muy difícil que establezcan una relación contigo.

En mis primeros años de trayectoria profesional, y, además, siendo introvertido, no veía la necesidad de compartir mi vida personal con otros colegas. Por cierto, puede que haya gente a la que tampoco le importe. Pero lo que he aprendido es que la mayoría de los profesionales valora positivamente que el líder posea esta transparencia, ya que eso lo convierte en más humano y cercano.

Una de las cosas que me han funcionado ha sido salir a comer o cenar con las personas de mis equipos. La gente tarda un tiempo en abrirse y en contarte lo que está sintiendo o lo que la preocupa, y en la típica reunión de 45 minutos en la oficina es más difícil. En un entorno distendido, como un restaurante, en el que, además de tratar temas de trabajo, puedes comentar otros asuntos y conocer mejor a la otra persona, es más fácil establecer esta conexión.

Con mi equipo de liderazgo me gusta organizar tres reuniones al año fuera de la oficina. Durante dos días nos juntamos para tratar temas estratégicos, desafíos que en una reunión normal de negocio ocupan demasiado tiempo en la agenda, ya que requieren de una reflexión y un debate mayores. Sin embargo, mi principal objetivo no es tanto la discusión sobre el negocio, sino mantener la conexión y el vínculo entre nosotros. Es un espacio en el que estás todo el rato compartiendo momentos con los demás (desayunos, cenas...) y, por qué no, también divirtiéndote, por ejemplo, mientras tomas una cerveza distendidamente con alguien después de cenar.

A veces, los pequeños gestos pueden marcar la diferencia para crear esta conexión. Por ejemplo, estoy seguro de que casi ninguno de vosotros habrá impreso el típico e-mail de su jefe diciendo: «Buen trabajo. Felicidades». Este tipo de reconocimientos no son personales, no llegan al corazón. Una práctica que realizo para conectar más con mi gente, y que desgraciadamente se está perdiendo, es escribirle alguna vez una pequeña carta manuscrita. Normalmente dando las gracias por algo extraordinario que hayan realizado o con algún *feedback* positivo. Dedicar un minuto (pues no cuesta más) a escribir de forma manual una nota con algún mensaje positivo para alguien es algo que garantizo que genera un impacto extraordinario. He visto que muchos empleados incluso las guardan sobre sus mesas en la oficina y, aunque me sonrojo, me siento tremendamente orgulloso de que los haya inspirado.

Aunque somos seres racionales, recuerda que las emociones son las que mueven el mundo. Consigue conectar y crear un vínculo, y tus equipos te seguirán hasta el infinito.

Generar empatía

En un estudio de PWC sobre la cualidad más relevante de los consejeros delegados (CEO) a lo largo de la historia y su evolución en el futuro, se explicaba que, hacia el año 1900, cuando apareció por vez primera la figura de los CEO, el denominador común era ser «emprendedores». Un ejemplo sería Henry Ford cuando fundó su empresa de coches en el año 1903, en la que pocos creyeron, pues hasta ese momento la gente se movía con vehículos tirados por caballos. A partir de 1970 llegó una ola de CEO «pragmáticos», como, por ejemplo, Amancio Ortega, fundador de Inditex, quien, con un modelo de negocio relativamente sencillo inicialmente, consiguió construir un imperio en el mundo textil y, luego, más allá de él. Los altos directivos de la década de 2000 eran sobre todo «resilientes», como Jeff Bezos, fundador de Amazon, que resistió el estallido de la burbuja de las puntocom en 2001 y cuya empresa es actualmente una de las de mayor capitalización bursátil del mundo.

Curiosamente, cuando dicho estudio predice cómo serán los CEO en el año 2040, opina que serán sobre todo «empáticos». Líderes con una alta inteligencia emocional y un gran conocimiento del sistema humano. Es por ello por lo que estoy convencido de que en el futuro veremos muchas más mujeres en posiciones de CEO, al ser ésta una de las competencias que resaltan más frecuentemente en ellas. Sin embargo, según el Índice de Rotación de CEO de Russell Reynolds, en 2023 sólo el 15 por ciento de los nuevos nombramientos de CEO a nivel mundial fueron mujeres, basado en datos de 1.822 empresas cotizadas en los principales índices bursátiles del mundo. Como dice Alfons Cornella, el mundo será imperfecto sin el liderazgo femenino.

La empatía nos permite comprender el estado de ánimo de los demás, nos ayuda a conectar y a liderar de corazón a corazón. Dale Carnegie, en su libro *Cómo ganar amigos e influir en las personas*, dice que se pueden ganar más amigos en dos meses interesándote por los demás que en dos años intentando que los demás se interesen por ti. No hay nada más halagador que ser escuchado con atención exclusiva por otra persona.

Cuando empecé a liderar equipos, mi foco en las reuniones bilaterales estaba en resolver los temas que me interesaban, y siempre relacionados con el trabajo. Con el tiempo he aprendido, en primer lugar, a focalizar completamente mi atención en ellos: preguntar cómo se sienten, cuáles son sus preocupaciones, conocer sus necesidades..., en definitiva, a escucharlos. Profundizo en sus creencias, interpreto sus juicios, intento descifrar sus emociones o entender sus motivaciones. Practico las técnicas de *coaching* para no quedarme exclusivamente en la parte de arriba del iceberg, es decir, en lo que te dicen, y así descubrir qué hay debajo de lo que me están contando.

Otra práctica que aplico antes de empezar cualquier reunión de equipo, y que quizá resulte útil, es realizar una breve ronda introductoria (un *check-in*) de no más de un minuto por asistente, en la que les pido que contesten brevemente a estas dos preguntas: «¿Cómo te encuentras?» y «¿Qué tienes en tu cabeza en estos momentos?». Es una buena manera de entender cómo se sienten nuestros colegas y qué los preocupa actualmente, así como de crear un vínculo entre nosotros. Si nos da tiempo, al finalizar la reunión hago otra ronda de cierre (un *check-out*) para conocer cómo se han sentido y sus impresiones sobre cómo se ha desarrollado la reunión y en qué podemos mejorar.

Te conviertes en un líder empático cuando escuchas con atención y te sitúas en el lugar del otro. Te darás cuenta de que posees esta habilidad cuando escuches para entender, no para vencer, o cuando escuches más que hables.

Crear entornos psicológicamente seguros

Después de estudiar cientos de equipos, en el proyecto de Google llamado Aristóteles se concluyó que la seguridad psicológica era el elemento más importante de éxito para conseguir crear un equipo.

Para llevar el corazón al trabajo, las personas deben sentir que se encuentran en un entorno seguro, en el que puedan hacer libremente preguntas, o que sus opiniones son escuchadas y respetadas. Como líder debes dar ejemplo, asegurándote de que todos se sientan valorados, que puedan contribuir con sus ideas, disentir y desafiarte cuando sea necesario. Ejemplifica los comportamientos que quieras observar en los demás, como la escucha, la humildad o la confianza.

Construye un marco de trabajo en el que puedan ser verdaderamente ellos mismos, sin caretas, sin miedo a ser humillados o castigados por ello. Crea un entorno en el que exista confianza y respeto entre los miembros del grupo, más allá de que sus opiniones coincidan o difieran, en el que se compartan los errores, sin temor a represalias. Los contextos pueden ser limitadores o multiplicadores, y en aquellos contextos en los que las personas se sienten seguras se producen una mayor diversidad e innovación y unos mejores resultados.

En estos entornos seguros puede quedar, en algunas ocasiones, espacio para el humor. Sin embargo, hay que ser muy cuidadosos con este tema, y hay que tener presentes las diferencias culturales y sociales. Pero he sido testigo de algo que algunas veces también utilizo, y es que una broma o un chiste corto en algún momento de una reunión puede ser muy útil para reducir la tensión o relajar a los asistentes.

Otra de las prácticas que me han funcionado para crear este tipo de contexto es la de reconocer siempre a la gente en público, pero las críticas realizarlas en privado. A todos nos complace sentirnos valorados, y el impacto es mayor cuando es visible para otras personas. En cambio, cuando debes comunicar a alguien que crees que hay algo que debe mejorar, es recomendable realizarlo a solas. En este entorno privado, la persona suele aceptar mejor el *feedback*, ya que, al no estar presentes otros colegas, no se siente vulnerable ni atacada.

Generar diversidad e inclusión

Uno de los mejores piropos que puedes regalar a un padre o una madre es decirle que su hijo o hija se le parece. Lo más común es alegrarse cuando se escucha esto, pues de alguna forma gusta verse reflejado en ellos. En el mundo empresarial, muchos líderes tienden a rodearse de gente parecida a ellos, consciente o inconscientemente, lo que denomino los «miniyós», es decir, profesionales cuyos comportamientos, formas de pensar o habilidades se asemejan a los nuestros. Cuando algún directivo no cumple con el estereotipo del líder, o de una organización, normalmente se acaba marchando, al no existir ese encaje cultural que anteriormente mencionamos, con la pérdida de talento y oportunidad que eso supone. Para que las personas puedan llevar su corazón al trabajo, resulta clave asegurar que se fomentan la diversidad y la inclusión.

Está demostrado que los equipos diversos obtienen resultados excepcionales y son más innovadores, pero ¿por qué entonces muchos ejecutivos prefieren la homogeneidad a la pluralidad? Los estudios también explican que un equipo diverso pero mal liderado obtiene peores resultados que uno homogéneo. Por esta razón, muchos profesionales prefieren la comodidad de interactuar con personas con creencias similares que gestionar la diversidad. Estoy de acuerdo en que liderar un grupo heterogéneo es más difícil, pero en estas situaciones es donde se demuestra el calibre que posees como líder y hasta dónde estás dispuesto a llegar, ya que potencialmente los resultados que obtendrás serán significativamente mejores.

Comentamos anteriormente que los ejecutivos solemos rodearnos de gente de nuestra confianza y que, en algunos casos, reclutamos a alguna persona que trabajaba en nuestra anterior compañía. En mi opinión, esto es un comportamiento natural y perfectamente entendible cuando se realiza de forma puntual. Sin embargo, recuerdo un directivo que conocí que lo llevaba al extremo y siempre se rodeaba del mismo equipo de trabajo, incluso hasta con la misma secretaria. Cada vez que cambiaba de empresa era incapaz de trabajar con el nuevo grupo que encontraba allí. Tan pronto como podía, trataba de fichar a las mismas personas con las que había colaborado antes. En definitiva, era incapaz de liderar un equipo diverso. Estos profesionales que evitan la pluralidad, además de las dudas que generan por este tipo de liderazgo en su organización, no tendrán éxito en el futuro. Afortunadamente, el mundo es cada vez más diverso, y debemos aprovecharlo para sacar lo mejor de todos nosotros y conseguir así unos resultados extraordinarios.

En la película *12 hombres sin piedad*, dirigida por Sidney Lumet, se observan claramente los beneficios de la diversidad. Este largometraje trata sobre el juicio de un homicidio en el que doce hombres deliberan sobre el futuro de un muchacho, dictaminando si es culpable o inocente del asesinato de su padre. Las pruebas apuntan a que es culpable, por lo que once de los doce miembros del jurado en principio así lo consideran. Sin embargo, en el debate previo al veredicto, el miembro número 8 del jurado (interpretado por el actor Henry Fonda), pese a ir en contra de la opinión mayoritaria del grupo, comienza a señalar diferentes argumentos que se habían citado en el juicio, pero a los que no se les había prestado la suficiente atención. Poco a poco consigue que se tomen en consideración otros factores y que surja la duda sobre la culpabilidad del joven. En la película se observan diferentes tipos de personalidad, y se palpa cómo influye eso a la hora de valorar la culpabilidad o inocencia del acusado. Finalmente, gracias al miembro del jurado número 8, que pensaba de forma diferente, el jurado tomó una decisión distinta a la preconcebida inicialmente.

En mis equipos siempre me rodeo de líderes con personalidades y maneras de pensar diferentes. Creo firmemente en que debe existir un buen equilibrio de género, sin importar la orientación sexual. Me encanta trabajar con personas de culturas o religiones distintas o que tengan experiencias en mercados que no conozco, por todo lo que pueden aportar. Sobre todo, me gusta rodearme de individuos que no duden en expresar su opinión, especialmente cuando es diferente a la de la mayoría, y que no eviten el conflicto por pensar diferente. Además, te invitaría, ya que es muy positivo, a contar con alguien en tu grupo que piense de forma totalmente opuesta a ti. Un profesional de esos que siempre ven los temas desde otro ángulo, y que incluso hasta pueden llegar a resultarte irritantes o incómodos.

Uno de los riesgos de la tecnología del que no somos conscientes es que, cada vez en mayor medida, nuestros *likes* en la red nos llevan a visualizar contenidos alineados con nuestra forma de pensar, al estar programados estos algoritmos para llevarnos a sitios con información que nos guste a fin de que permanezcamos más tiempo conectados. Lo que la red promueve es un fenómeno que se denomina la «cámara de eco», es decir, la retroalimentación de contenidos que amplifican el eco de lo que el usuario prefiere leer y escuchar. Esto implica que podemos dejar de visualizar contenidos u opiniones que pueden resultar interesantes. En un equipo, estos perfiles «diferentes» enriquecen y suman muchísimo al grupo.

El otro aspecto a gestionar por los líderes del futuro es el de la inclusión. Verna Myers, experta en este tema, dice que «la diversidad es que te inviten a la fiesta y la inclusión, que te saquen a bailar». La inclusión es el procedimiento por el cual las personas en riesgo de exclusión social poseen las mismas oportunidades de desarrollarse y de alcanzar las mismas condiciones económicas o sociales que el resto.

La diversidad es fácil de medir, pero no así la inclusión. Me llamó la atención leer que, en los consejos de administración, las mujeres hablan menos que los hombres. Cuando profundicé en el tema, aprendí que las mujeres son minoría en este tipo de foros (alrededor de un 30 por ciento), aunque afortunadamente su presencia va creciendo cada año. Está demostrado el riesgo de exclusión de las minorías, en este caso por una menor participación en las reuniones. Sin embargo, en el estudio desarrollado por Margarethe Wiersema y Marie Louise Mors, titulado «How women improve decision-making on boards», se demuestra que las mujeres acuden mejor preparadas a los consejos de administración, que sus preguntas son más profundas y que, por tanto, mejoran la calidad de la discusión. Por consiguiente, los líderes deben asegurar que todos los miembros de sus equipos, sin importar en este caso el género, estén siendo incluidos.

Una de las cosas que aprendí de la biografía de Nelson Mandela *El largo camino hacia la libertad* es que el líder debe hablar siempre el último. Si quieres tener diversidad e inclusión en el equipo y hablas el primero, o bien si le das inmediatamente la razón a alguien cuando está exponiendo un tema, estarás sesgando o limitando a los otros miembros. Aunque exista mucha confianza, es más arduo plantear un punto de vista distinto al del jefe cuando éste ya ha expresado una opinión. Asimismo, hay que ser cuidadosos con nuestro lenguaje corporal, ya que puede delatar claramente nuestra forma de pensar y condicionar al resto.

La diversidad es fundamental, pero en mi opinión lo que es irrenunciable es que los valores sean los mismos entre los miembros del grupo. Cuando son compartidos, se podrá debatir o contradecir, o bien podrá surgir algún conflicto, pero prevalecerá la armonía. Si los valores son diferentes, será imposible de gestionar.

Mi reflexión final en temas de diversidad e inclusión es que hay que fomentarla todavía más en las empresas, asumiendo riesgos si es necesario a la hora de seleccionar el talento para que nuestro equipo sea lo más diverso posible.

El poder del storytelling

El quinto pilar para liderar desde el corazón es aprovechar el potencial del *storytelling*, explicar un concepto a través de una historia o un cuento. Hace algo más de dos mil años, Jesucristo fue el primer personaje en la historia que empezó a utilizar este recurso. Él hablaba a sus seguidores a través de parábolas.

Creo que el *storytelling* es un recurso infrautilizado en el mundo empresarial. La gente olvidará casi todo lo que has explicado en una presentación de PowerPoint, pero las historias permanecen en la memoria. Sobre todo, perduran las que evocan emociones o sentimientos; su poder de movilización es enorme, incluso llevan a las personas a creer en lo imposible. En su libro *Silent messages*, el profesor Albert Mehrabian, de la Universidad de California, desarrolló la regla del 7-38-55. Su teoría es que sólo el 7 por ciento de la comunicación deriva de las palabras que utilizamos; el 38 por ciento, de nuestro tono de voz, y, curiosamente y lo más importante, el 55 por ciento tiene que ver con el lenguaje corporal y las imágenes o historias que usamos.

Recuerdo que, en 2014, en una reunión nacional de toda la empresa en Tenerife con más de setecientas personas en la sala, decidí realizar un truco de magia mientras iba explicando la estrategia del producto del que era responsable. No es fácil, pero, si lo preparas en detalle y con algo de imaginación, se puede enlazar un truco de magia con una presentación de negocios.

Lo primero es tener claros los mensajes que quieres comunicar. A continuación, descubrir (o inventar) una historia que sea atractiva (idealmente, que emocione) y que te permita intercalar lo que quieres transmitir. Ésta es la parte más compleja, pues requiere un mayor tiempo de preparación que una presentación tradicional. Por último, mi experiencia es que hay que practicarla muchas veces antes de la puesta en escena (en mi caso, más de treinta veces delante del espejo en algunas ocasiones), ya que debes combinar perfectamente lo que quieres hacer (en mi caso, el truco de magia) con lo que necesitas comunicar.

Os puedo asegurar que de aquella reunión nacional nadie rememorará los datos que expliqué (y animo al lector a que haga la misma reflexión con alguna conferencia a la que haya asistido el año pasado), pero tal vez todos se acordarán de la conmovedora sorpresa que le di a una empleada de mi departamento. Aquel día, su hija cumplía dieciocho años, y, al estar ella de viaje, no iba a poder verla. Lo que se me ocurrió fue traer a toda su familia desde su ciudad natal a nuestra reunión. En un determinado momento de mi intervención, le pedí que subiera al escenario.

Tras preguntarle qué era lo que más deseaba en ese momento, y decirme precisamente que era estar con su hija, aparecieron su marido, su hija y su hijo en la sala. Fue uno de los momentos más emotivos de mi vida profesional, y la mayoría de los asistentes rompieron a llorar. Fue algo memorable y que quedará por siempre en la retina de todos.

Los líderes que comunican a través de historias que tocan el corazón son los que tienen más impacto. El corazón es lo que mueve a las personas, y lo que más puede hacer que cambien o consigan retos inimaginables.

5.3. ¿Cómo liderar más allá de la tecnología?

En la era industrial, lo que buscaban las empresas era la gente más fuerte, la que pudiera soportar los mayores esfuerzos físicos. Por el contrario, en la era del conocimiento, lo que se necesitaba eran personas con una alta formación y especialización.

En la actualidad, la inteligencia artificial (IA) y las nuevas tecnologías, como el *big data*, el *machine learning* o el internet de las cosas (*internet of things*, IoT), ha cambiado radicalmente el mundo y nuestra forma de trabajar. La IA ha desafiado el monopolio que existía con la inteligencia. Los seres humanos ya no somos los más inteligentes del planeta. En esta era de cantidades inmensas de datos, ya no seremos capaces de analizarlos por nosotros mismos. El *machine learning* proporcionará las respuestas a muchas de nuestras preguntas, así como las conclusiones de los análisis de los datos. De hecho, según el Instituto Global McKinsey, se estima que casi el 50 por ciento de las tareas o de los puestos actuales de trabajo, sobre todo aquellos de poco valor añadido, serán realizados por algún tipo de algoritmo o robot para el año 2055, aunque es cierto que eso también generará la creación de otros nuevos empleos. Como dice el informático, empresario y escritor taiwanés Kai-Fu Lee, cada trabajo que tome menos de cinco segundos para pensar será realizado por robots.

Para liderar más allá de la inteligencia artificial habremos de cuestionarnos nuestros algoritmos y modelos de negocio. Los primeros ya no serán útiles cuando las hipótesis de origen cambien súbitamente, o bien cuando suceda algo que no había ocurrido en la historia. El valor no residirá en las respuestas, sino en la capacidad de cada líder de hacer las mejores preguntas. Los directivos deberán atreverse a impulsar iniciativas que nadie haya realizado antes, de las que las máquinas no posean ningún historial, por lo cual no serán capaces de predecir resultados. Los modelos de negocio rápidamente quedarán obsoletos. Hemos sido testigos de múltiples ejemplos de esto en los últimos años o décadas (Kodak, Blockbuster y otros casos de declive), por lo que tendremos que reinventar continuamente nuestra propuesta de valor.

En este contexto, las personas seguirán siendo la principal ventaja competitiva de las empresas. Los líderes del futuro serán profesionales que vayan más allá de la tecnología y que lideren desde el corazón, algo que nunca encontraremos en una máquina. La revolución tecnológica que estamos viviendo sirve de catalizador para escalar las habilidades que salen del órgano más importante de nuestro cuerpo, como la empatía, la compasión o la escucha.

Me fascinó un artículo titulado «The power of anomaly», escrito por Martin Reeves, Bob Goodson y Kevin Whitaker. Su reflexión es que, en el futuro, las organizaciones buscarán su próxima ventaja competitiva o su nuevo producto analizando el mercado desde la misma perspectiva, desde la mirada de la inteligencia artificial. Por lo tanto, cuando algo se convierta en tendencia, probablemente será demasiado tarde. Para ser competitivos, los autores sugieren que hay que prestar atención a lo que denominan las «anomalías» del mercado, es decir, aquellas señales que aparecen en los análisis como *outlayers* y que pasan desapercibidas para el *machine learning*. Por supuesto, no todas las anomalías se convertirán en tendencias, pero algunas sí lo harán. Los directivos que primero identifiquen estas desviaciones, inapreciables para la tecnología, serán los que crearán más valor.

Como dice Alfons Cornella, las grandes oportunidades vendrán muchas veces de fomentar la entropía en las empresas: trabajar con personas que desafíen el *statu quo*, que sean inconformistas y que agiten la organización, generando incluso cierto caos. Es en medio de este desorden donde aumentará la probabilidad de encontrar algo diferente al resto.

Para crear valor de forma diferencial más allá de la tecnología, los líderes deberán gestionar los siguientes tres vectores:

- Intuición
- Paradojas
- Innovación

Intuición

En el contexto de transformación exponencial que nos encontramos, con las máquinas constantemente recomendando decisiones, la intuición de los ejecutivos jugará un papel fundamental. Recordemos que las sugerencias de la inteligencia artificial (IA) están basadas en datos históricos, y el pasado ya no siempre predice con exactitud el futuro.

Soy un enamorado de la intuición, que es una habilidad del hemisferio derecho del cerebro y una de las características femeninas que predominarán en el mundo. La intuición nos permite tomar decisiones con base en datos incompletos, y es algo que desarrollas con los años conforme a las vivencias que vas adquiriendo. Es una combinación de experiencia y de lo que aprendes en la vida sobre distintas disciplinas. Cuanto más conocimiento transversal poseas, mejor será tu intuición. Podrás así proporcionar a tus equipos la perspectiva menos obvia, pero quizá la más relevante, creando valor más allá de la IA. El problema de la intuición es que no se puede explicar, y todo juicio pide ser explicado. Con la intuición sabemos «el qué», pero no «el porqué».

En mi caso, reconozco que muchas de mis decisiones, a todos los niveles, vienen más de la intuición que la razón. Creo que mi valor diferencial viene precisamente de no proporcionar la alternativa que sugieren los datos, sino de ir más allá y conectar los puntos en el ecosistema en el que me encuentro. Por supuesto que necesitas datos e informes que de alguna forma validen tus hipótesis, pero creo que en el futuro los líderes tendremos que apoyarnos más en nuestra intuición, y que los que nos siguen también tendrán que confiar más en ella.

En una de mis múltiples e inspiradoras charlas con Mohamed ElGioushy, director de Personas y Organización en Novartis, me acuerdo de que me dijo que el rol de líder consiste en muchos casos en la gestión de las excepciones. Reflexionando sobre esta afirmación, me di cuenta de que, en mi experiencia como líder, esto es algo que me toca realizar a menudo. Las personas y las circunstancias son diferentes a las descritas en las reglas de las compañías y, dentro de un marco general que sea justo, ético y transparente, a veces debemos ser flexibles. La tecnología, en cambio, con unos algoritmos previamente establecidos que dejan poco espacio a la variabilidad o la personalización, no es capaz de gestionarlas.

Paradojas

Los algoritmos son básicamente una secuencia de pasos finitos bien definidos que resuelven un problema. Es decir, si realizas esto ocurrirá esto otro. De hecho, la programación se basa en códigos binarios, de ceros (0) y unos (1) únicamente.

Sin embargo, el mundo no es binario, y uno de los grandes desafíos de los ejecutivos es gestionar el elemento conjuntivo, y no el disyuntivo. Es decir, trabajar el «Y», no el «O». Es lo que se denominan paradojas o polaridades; por ejemplo: cuando te piden que gestiones con éxito a corto y también a largo plazo; cuando el objetivo es aumentar las ventas y, al mismo tiempo, reducir los costes; cuando debes centrarte en alcanzar los mejores resultados y también en las personas.

En el artículo «Should leaders focus on results, or on people?», escrito por Matthew Lieberman, se explican los resultados de una investigación sobre más de 6.000 directivos en la que aquellos que sólo se focalizaban en obtener resultados eran considerados como grandes líderes únicamente en un 14 por ciento de los casos. Si el foco lo ponían exclusivamente en las personas, el porcentaje era incluso menor (12 por ciento). Si los líderes destacaban en ambas cualidades, el 72 por ciento de los profesionales los reconocía como ejecutivos excepcionales. En su investigación, sin embargo, sólo el 1 por ciento de los profesionales que analizaron poseían ambas habilidades.

Saber combinar al mismo tiempo y en su justa medida varias dimensiones, aunque sean aparentemente antagónicas, es lo que diferenciará a los líderes más admirados en la era de las tecnologías.

Innovación

Afortunadamente, las máquinas están diseñadas para no fallar. A nadie le gustaría subirse en un avión pensando que el GPS o un motor pueden estropearse. Pero, como ya hemos explicado, quien no se equivoca es probablemente porque no está arriesgando o probando algo nuevo. Los líderes tendrán que fomentar en el futuro una cultura de experimentación en la que se acepte el fracaso. Innovar te lleva irremediablemente a probar cosas nuevas y, por tanto, a equivocarte. Por la perfección a la que nos llevan las máquinas, la imperfección será la nueva perfección en las empresas.

Los líderes debemos innovar sobre todo cuando las cosas funcionan bien, aunque reconozco que en esta situación no es fácil. En mi etapa de director general en España, me encontré con una organización con magníficos resultados en los últimos años. Probablemente por ello experimenté mucha resistencia al cambio. Cuando desafiaba nuestro modelo de negocio por las transformaciones que visualizaba en el entorno, recibía siempre el mismo comentario. ¿Para qué cambiar si las cosas están marchando según lo previsto? (Seguro que te suena esta sentencia.)

Según mi experiencia, el mejor momento para reinventarse es cuando todo funciona. Cuando tienes éxito, los competidores intentarán copiarte, con lo que debes estar constantemente buscando tu siguiente ventaja competitiva, y el *statu quo* nunca puede ser una opción. Si los cambios no dan fruto, siempre se puede volver a lo anterior.

Por el contrario, cuando en una empresa no se están alcanzando los presupuestos, aunque sea contraintuitivo, es más difícil innovar. En esos momentos, los líderes no tienen paciencia para experimentar con proyectos nuevos. La presión por conseguir resultados a corto plazo es grande, mientras que la innovación suele dar sus frutos a medio y largo plazo. Precisamente, Jeff Bezos, fundador de Amazon, dice que una de las claves de su éxito ha sido tener paciencia con las innovaciones que lanzaban al mercado.

Una de mis características como líder ha sido siempre la innovación. Creo que los grandes líderes son capaces de inspirar gracias a una visión motivadora, pero que suele ser innovadora y disruptiva. ¿A quién no le gustaría trabajar para alguien que sueña con curar el cáncer algún día? Detrás de cualquier empresa de éxito suele haber alguna innovación transformadora. Esa pasión por la innovación es lo que me llevó también a estar en contacto con el ecosistema emprendedor y a ser *business angel* de algunas *start-ups*.

A veces escucho a mis *mentees* decirme que, aunque les gustaría innovar, no son personas innovadoras. Mi aprendizaje es que sólo un tercio de la innovación viene de nuestra parte genética, pero que dos tercios de ésta se desarrolla gracias a la curiosidad. Para poder innovar, debes conocer exactamente, y mejor que nadie, a tu cliente y tu negocio; debes aprender metodologías avanzadas en gestión de la innovación, ya que ésta no sucede por casualidad, y requiere de un modelo y un método. La innovación es un proceso que es más exitoso cuando se nutre de información externa, preferiblemente con un ecosistema de soporte.

En muchas grandes organizaciones, innovar no es divertido, sino doloroso, y hay que ser tenaces. Si lo consigues, serás capaz de transformar cualquier sector, incluso los más regulados o con barreras de entradas. Por tanto, sin liderazgo, no hay innovación.

Los líderes deben reimaginar el futuro, y esto (al menos todavía) no es algo que puedan hacer las máquinas. La mejor forma de predecir el futuro es crearlo, y la innovación juega un papel fundamental.

Ideas fuerza del capítulo 5: liderando desde el corazón más allá de la tecnología

- **El liderazgo infinito se sustentará en las cualidades del humanismo.** Habilidades como la humildad, la autenticidad, los valores o la ética serán las características que definirán a los mejores líderes en el futuro.
- **Para liderar desde el corazón, será imprescindible la conexión no sólo con los que nos rodean, sino también con los clientes y la estrategia.** La diferencia la marcarán aquellos que sepan conectar no tanto desde la razón, sino desde la emoción. Las emociones son lo que verdaderamente mueve a los seres humanos y, por tanto, al mundo.
- **Habrá un nuevo liderazgo empático, en el que las mujeres gozarán de un papel mucho más relevante**, y donde los equipos diversos no sólo serán imprescindibles para conseguir una ventaja competitiva y obtener mejores resultados, sino también para atraer a los mejores talentos.
- **Los seres humanos nos diferenciaremos de las máquinas por estas habilidades humanísticas**, y también por nuestra manera de gestionar las paradojas y seguir en algunas ocasiones nuestra intuición.
- **La innovación y la tecnología jugarán un papel fundamental a la hora de liderar**; y no porque vayan a sustituir a las personas, sino porque aquellos que no las utilicen serán reemplazados por aquellos que sí lo hagan.

6

Innovación en liderazgo: ¿qué he aprendido del ecosistema emprendedor y de las *start-ups*?

Puedo aceptar el fracaso, pues todo el mundo fracasa alguna vez. Lo que no acepto es no intentarlo.

MICHAEL JORDAN, jugador de baloncesto

Una de mis pasiones en la vida es la de estar en permanente contacto con el ecosistema emprendedor. Este interés se lo debo a Carlos Peralta, que fue el director de la Unidad de Inmunología de Novartis cuando trabajé en Argentina. Me transmitió su entusiasmo por las nuevas tecnologías y, sobre todo, por su potencial impacto en el mundo y, en especial, en el sector de la salud.

Me acuerdo de que un día me propuso visitar un pequeño pueblo en la provincia de Santa Fe, llamado Sunchales. En este lugar se encontraba la sede de CITES, la aceleradora más importante de *start-ups* de Argentina. Quedé maravillado por la presentación que nos realizó su director general, Nicolás Tognalli. Nos explicó la visión y cómo apoyaban a diferentes *start-ups* para acelerar su crecimiento. Todos los proyectos me parecieron fascinantes.

Fue la primera vez que me percaté de lo interesante de este

ecosistema y de su potencial. Trabajando en una gran multinacional, que normalmente son conservadoras, me di cuenta de que podía aprender muchísimo de estas pequeñas organizaciones y del tipo de profesionales que trabajan en ellas, de unos perfiles diferentes a los que había conocido en mi entorno laboral. Conversando con emprendedores, por ejemplo, puedes intuir cómo será el mundo dentro de diez años.

Mi amigo Iñaki Berenguer, fundador de varias *start-ups* de éxito, como Pixable y Coverwallet, escribió un artículo muy interesante en LinkedIn, «Desired traits that make entrepreneurs investable and proxies to asses them», en el que describe las competencias más comunes en los emprendedores que han conseguido escalar sus negocios, muy diferentes a las que encontramos en altos directivos.

Un valor que yo podría aportar en el futuro era el de trasladar los aprendizajes del mundo emprendedor a mi empresa: conectar las tendencias, innovaciones o nuevas formas de trabajar de las *start-ups* con las de una gran corporación. Como dice David Birch, profesor del Massachusetts Institute of Technology (MIT), se puede generar un espacio donde los elefantes (corporaciones) y las gacelas (*start-ups*) puedan bailar juntos sin pisarse, y en la misma pista de baile.

Una de las formas para «conectar los puntos» fue la de convertirme en *business angel*. Nunca he invertido en ninguna *start-up* pensando en ganar dinero, sino como una forma de devolver a la sociedad una pequeña parte de lo que he recibido en mi carrera profesional. Sólo participo en aquellas en las cuales me inspiran su propósito y su equipo, o bien en aquellas a las que creo que les puede ayudar mi experiencia.

En 2018 realicé mi primera inversión en una *start-up* argentina denominada «Un Ensayo para Mí» (<www.unensayoparami.org>), fundada por Georgina Sposetti. Su propósito era que todos los pacientes del mundo pudieran tener acceso a los ensayos clínicos que se estaban realizando en su patología. Georgina fundó esta empresa por la experiencia que vivió en primera persona, al no poder acceder a un ensayo para su enfermedad..., y reconozco que me inspiró mucho.

Desconozco si esta *start-up* llegará a escalar, pero os aseguro que verla crecer y acercarse a su misión es realmente gratificante. Es una inversión que, independientemente de su valor futuro, para mí vale la pena. Además, me permite aprender sobre áreas tangenciales a mi trabajo, como qué es el *performance marketing* o cómo realizar rondas de financiación.

El apoyo a *start-ups* no siempre es financiero, sino que puede ser mediante el *mentoring* o compartiendo mis conocimientos con emprendedores. Gracias a mi amigo Adrián García Aranyos, presidente de Endeavor, fui invitado a ser parte de su red global de mentores para emprendedores de alto impacto. Desde entonces he tenido la oportunidad de interaccionar con el ecosistema emprendedor de todo el mundo y hacer *mentoring* a futuros empresarios. Sobre todo lo he hecho en temas de liderazgo y cultura empresarial, ya que inicialmente no suele ser un tema en la agenda de los emprendedores, pero, cuando la *start-up* empieza la fase de escalado, ese tema se convierte en un área clave en la que no tienen experiencia.

Los beneficios de fomentar la innovación en una empresa están sobradamente comprobados. No se trata de innovar por innovar o porque sea *cool*. Se trata de hacerlo para conseguir mejores resultados que la competencia. Además del impacto en el compromiso de los empleados, innovar les facilita estar constantemente aprendiendo y desaprendiendo.

Si los involucras en el proceso de innovación, la transformación se producirá de forma más rápida y exitosa. Por tanto, como líderes debemos asegurar que las personas disponen de tiempo suficiente para experimentar e innovar, más allá de su rol natural. Mi aprendizaje es que la gente cree en lo que crea.

Aunque he trabajado siempre en una gran corporación, siempre me he considerado un «intraemprendedor». Para que la innovación sea una realidad, resulta clave identificar internamente a este tipo de profesionales. Estas personas que, aun trabajando en una empresa madura, son las que están constantemente buscando nuevos modelos de negocio, desafían el *statu quo* o disfrutan experimentando para crear valor de una forma distinta. Para ellos, ser parte activa del modelo de innovación es una oportunidad de desarrollo y, por tanto, de aprendizaje.

Especialmente los *millennials* han perdido la lealtad a las empresas; esa lealtad la tienen ahora al aprendizaje. Mientras dispongan de oportunidades de aprendizaje, permanecerán en ellas. En caso contrario, tomarán otros caminos profesionales.

En este capítulo me gustaría compartir cuáles han sido mis nueve aprendizajes del mundo emprendedor, para que luego quizá los puedas trasladar a tu organización.

6.1. Liderar la empresa vs. liderar sólo un departamento

En las empresas, a menudo los directivos se preocupan exclusivamente de su departamento, olvidando el propósito global de la compañía. Carecen de una mirada global, y les resulta difícil anteponer el beneficio común al de su propia función.

Me gusta explicar este concepto con el siguiente ejemplo... Si le preguntáramos a un defensa de un equipo de fútbol cuál es su principal objetivo, éste diría probablemente que no le marquen goles. En un caso extremo, un defensa podría preferir perder un partido 0-1 que ganarlo por 5-4, ya que en este segundo escenario habría encajado más goles. Si les preguntáramos a los delanteros, opinarían, por el contrario, que su objetivo es marcar goles. Podrían entonces escoger perder un partido 4-5 antes que ganarlo 1-0, ya que en este último caso sólo habrían marcado un gol. Esto es lo que precisamente ocurrió con Cristiano Ronaldo, quien, cuando ganó con el Real Madrid la Champions League contra el Liverpool en 2018, y a pesar de que su equipo venció, no estaba feliz porque no había marcado.

El objetivo de un equipo de fútbol es ganar partidos, y, por lo tanto, no importa si un delantero ha marcado muchos goles o si los defensas han encajado algún gol.

El objetivo de las empresas es conseguir su propósito, al mismo tiempo que dar beneficios para asegurar su sostenibilidad y retribuir a sus accionistas. No se trata de que un departamento consiga sus objetivos, sino de que la compañía logre su misión. Sin embargo, a veces, estos subsistemas, por diferentes razones, intentan maximizar el valor de cada uno de ellos perdiendo de vista el objetivo corporativo. En ciertas ocasiones, para alcanzarlo, algún departamento deberá renunciar a maximizar su valor por el bien común.

Imaginemos que el departamento de producción posee como meta tener el stock prácticamente a cero, para así reducir sus costes de inventario. De repente, el equipo de marketing detecta una oportunidad para lanzar una promoción especial de sus productos, y necesita que exista una mayor cantidad de stock por si la campaña funciona. En este caso, el equipo de producción tendría que «suboptimizar» su subsistema (teniendo más stock y coste) para que la empresa pudiera conseguir su objetivo de satisfacer a más clientes.

Mi expectativa con los líderes de mis equipos es que actúen como líderes de la compañía, más allá de su departamento —a veces minimizando el valor de su función o no priorizando sus objetivos individuales— a fin de que la empresa consiga su propósito.

Una de las razones por las que pienso que existen estos departamentos que funcionan de forma independiente, sin importarles el resto —lo cual se traduce en escasa colaboración entre los equipos y en olvidar la misión general—, es por la inseguridad de muchos ejecutivos, lo que McKinsey & Company denomina los «*insecure overachievers*» ('los triunfadores inseguros'), expresión muy interesante que alude a individuos excelentes que, a pesar de haber logrado alcanzar retos increíbles, de repente se vuelven inseguros. Los asaltan miles de dudas que derivan en comportamientos como el control, la falta de empatía y la incapacidad para admitir ningún tipo de intromisión en su función por profesionales de otras áreas. Las grandes innovaciones y los mejores resultados surgen frecuentemente por la colaboración entre distintos departamentos, por lo que, como líder, debes romper estas barreras.

En las *start-ups*, los equipos anteponen claramente la misión de la empresa a su interés funcional. Saben que sólo tendrán éxito si colaboran entre todos.

6.2. *Growth hackers*

Las empresas de nueva creación buscan el crecimiento exponencial a través de estrategias que nadie haya intentado jamás, o bien realizando disrupciones en algún mercado. El denominador común es buscar problemas permanentemente que puedan convertirse en oportunidades de negocio. Están constantemente desafiando el *statu quo*, y su enfoque es siempre el de «*play to win*» ('jugar a ganar').

Las *start-ups* piensan siempre «en grande». Le pedí a mi amigo Sergio Furió, fundador del unicornio Creditas, hacer una sesión de *mentoring* con GrowPro Experience, una de las *start-ups* en las que había invertido. Tras charlar con sus fundadores, Goiko Llobet y Pablo Gil, su *feedback* fue literalmente el siguiente: «Debéis añadir un cero a la derecha a todo el plan de negocio». Ésta es la mentalidad de un gran emprendedor, visualizar proyectos que incrementen al menos diez veces el valor actual.

En organizaciones maduras sucede lo opuesto, se juega a «*not to lose*» ('no perder'). No se asumen riesgos por el miedo a perder lo conseguido, en lugar de pensar en lo que se podría ganar. Hay un libro muy interesante que desarrolla este concepto: *Playing to win: how strategy really works*, de A. G. Lafley y Roger L. Martin.

Uno de los ejercicios más interesantes que realizan algunas *start-ups* para conseguir crecer exponencialmente y escalar rápido es el denominado «*killing your company*» ('matar a tu compañía'). El elemento racional detrás de esta práctica es que al ser humano normalmente le gusta, y le resulta más fácil, destruir ideas que concebir ideas nuevas. Seguro que os ha ocurrido alguna vez que, al proponer una iniciativa, rápidamente alguien ha comentado que eso no se puede hacer o que ya se intentó en el pasado y no funcionó, en lugar de intentar construir a partir de ella.

Esta actividad consiste en imaginar qué debería ocurrir para que nuestra compañía desapareciera. Es algo que, os aseguro, la gente es capaz de identificar rápidamente. A partir de encontrar estos vectores, se trata de buscar antídotos para cada uno de ellos. Aparecen entonces las ideas disruptivas que buscábamos para acelerar nuestro crecimiento. Y es un ejercicio también muy útil para plantearlo en grandes organizaciones.

6.3. La obsesión por el cliente

Éste es otro de los factores de éxito de los futuros empresarios. Dicen que hay que estar «*customer obsessed and competitor aware*», es decir, «obsesionado con el cliente y consciente de la competencia». En las corporaciones, sobre todo en sus *headquarters*, se pierde fácilmente el contacto directo con los clientes, o bien no se dispone de los mecanismos para detectar rápidamente los cambios en el mercado. Son estructuras organizativas con numerosos niveles, en las que existe mucha separación entre los profesionales que están en contacto continuo con los clientes y los altos directivos o lugares donde se toman las decisiones más importantes.

En las *start-ups*, en vez de organizar miles de reuniones interminables como en las grandes empresas, todos los empleados, incluyendo a los fundadores, priorizan el contacto diario con sus potenciales compradores, y su satisfacción es lo más importante. Durante mi visita a los *headquarters* de Amazon en Seattle, me sorprendió que hasta los ejecutivos de mayor responsabilidad explicaran que interaccionaban diariamente con clientes. Asimismo, desarrollan lo que se denomina el «*zero distance to market*» ('distancia cero al mercado'), es decir, poseen herramientas para identificar instantáneamente las necesidades de los clientes o las mutaciones en el mercado, y para actuar en consecuencia.

Lo que he aprendido es que a nadie le surgen las mejores ideas de negocio mientras se encuentra en la oficina. Normalmente aparecen en sitios inesperados o realizando otro tipo de actividades. Hay gente muy creativa cuando está en la ducha, mientras hace deporte o después de una visita a un cliente..., pero nunca en la oficina. En definitiva, para ser disruptivos, «menos moqueta y más calle».

6.4. Son rebeldes

Martín Migoya, uno de los fundadores de Globant, empresa que empezó como *start-up* y ha pasado a cotizar en la Bolsa de Nueva York, cree que hay que estar permanentemente desafiando el *statu quo*, porque ésa es la única forma de capturar las mejores oportunidades.

Los emprendedores intentan cosas que nadie ha concebido nunca o que fracasaron en el pasado. Visualizan el mundo desde una perspectiva diferente. Se esfuerzan por romper paradigmas y creencias. Piensan en cómo generar disrupciones en mercados ya establecidos. Se adelantan en la aplicación de las nuevas tecnologías. Son optimistas paranoicos. No aceptan cómo son las cosas o por qué alguien dijo que tenían que ser así. En definitiva, son rebeldes.

Por ello me siento muy identificado con este concepto de *rebeldía*, que es sinónimo de *transformación*, *innovación* o *disrupción* para conseguir los mejores resultados empresariales. En ese sentido, hay personas rebeldes que nunca dejan de preguntar: «¿Por qué?». Las preguntas más difíciles que he recibido en mi vida no han sido en reuniones de negocios, sino las formuladas por mi hija Violeta, que con doce años continúa preguntándome siempre: «¿Por qué, papá?».

La rebeldía está muy ligada a una cualidad muy presente en los emprendedores: la resiliencia. Para ser rebelde en el mundo en el que vivimos, necesitas ser resiliente. Lo más fácil es seguir el *mainstream*, lo que piensa o hace la mayoría. Las personas que trabajan en *start-ups* se encuentran inspiradas por un propósito y nunca lo abandonan. Perseveran hasta conseguir lo que buscan, o hasta que no les queda más dinero en la cuenta del banco. Su nivel de compromiso es, sin duda, más alto que en las grandes empresas.

Cuando en Novartis hemos comprado alguna pequeña empresa biotecnológica o *start-up*, al poco tiempo, la mayoría de sus empleados acaban abandonando la organización. Las razones suelen ser diversas, pero las respuestas más comunes están relacionadas con la imposibilidad de experimentar, con tener que seguir siempre los procesos establecidos, o bien con la falta de flexibilidad. Éstas son interesantes reflexiones si queremos mantener o incorporar este tipo de perfiles en las grandes organizaciones.

En una charla con Walter De Brower, profesor de la Universidad de Standford, me comentó algo que me impactó, y es que las corporaciones nunca conseguirán atraer a los mejores talentos, pues las personas más brillantes querrán siempre fundar sus propias empresas y no trabajar para otros.

6.5. Trabajan en eco-sistemas, no en ego-sistemas

Los desafíos a los que se enfrentan las sociedades son cada vez más complejos, y ello requiere enfoques multidisciplinares. Ninguna organización será capaz de resolver estos retos actuando en solitario.

Sin embargo, las empresas no están acostumbradas a trabajar en verdadera colaboración con otros *partners*. Suelen crear ego-sistemas, pero no eco-sistemas. El sistema solar sería un ejemplo de ego-sistema, en el que el Sol se sitúa en el centro y los planetas, alrededor. Lo mismo ocurre con las empresas, que quieren siempre estar en el centro (por control, miedo...), y que sus socios giren alrededor de ellas.

En este modelo de ego-sistema, no existe la cocreación de valor, ya que el objetivo es que sólo se beneficie la empresa matriz. En un eco-sistema, por el contrario, se comparte valor entre sus partes y existe una relación auténtica de *partners*. Un ejemplo es el que desarrolló Apple cuando lanzó su Apple Store. En un primer momento, pensaron en restringir el uso de este *marketplace* a las aplicaciones desarrolladas por esta misma compañía. Sin embargo, advirtieron que, abriéndola a otros socios, podrían satisfacer mejor a sus clientes y obtener mayores ingresos.

Por ello es clave construir una red de alianzas con compañías que, además de compartir tu propósito y tus valores, comprendan los beneficios de la cocreación de valor.

Además de la colaboración que expliqué que realizamos con Disney (véase el capítulo 2), otra cooperación de *partners* que desarrollamos fue con la Fundación Ricky Rubio, del famoso jugador español de baloncesto así llamado. Tanto Novartis como esta fundación compartimos el propósito de acabar con el cáncer algún día. Por ello, realizamos una campaña en medios de comunicación para aumentar la conciencia de la sociedad sobre el cáncer de pulmón, así como otra iniciativa para humanizar la sala de espera de los pacientes oncológicos del Hospital Can Ruti, en Badalona.

Otro aspecto relevante sobre la importancia de los eco-sistemas es lo relativo a la creación de productos innovadores. La denominada innovación «*core*», la que realiza mejoras incrementales dentro de la actual propuesta de valor, suele suceder dentro de las empresas. Sin embargo, la innovación «adyacente», la relacionada con nuevos modelos de negocio dentro de su mismo sector, y sobre todo la «transformacional», la que crea mercados nuevos, ocurren generalmente en pequeñas compañías o *start-ups*. Un ejemplo en el sector bancario serían las nuevas aplicaciones de pago electrónico utilizando simplemente un número de móvil, como Bizum o Twint, que no nacieron de los bancos tradicionales, sino de *start-ups*. Posteriormente, a través de la colaboración o compra, los bancos las han incorporado en su cartera de servicios para sus clientes.

Por consiguiente, otro de los beneficios de formar un eco-sistema es el de incorporar antes que nadie cualquier innovación que produzcan nuestros socios o la que se genere por la colaboración con ellos. Otro ejemplo sería el de la *start-up* estadounidense Cruise LLC. Sus fundadores imaginaron construir coches que pudieran circular sin conductor. Mi experiencia cuando los utilicé en San Francisco fue fantástica y altamente recomendable. Desconozco cuánto tiempo tardarán en escalar este producto, si será en uno, cinco o diez años. No importa. Tengo claro que son el futuro (salvo para aquellos a quienes les encante conducir). General Motors (GM), considerando su alto potencial, comenzó a colaborar con esta *start-up* apoyándola en sus inicios hasta que decidió adquirirla en 2016. A partir de entonces, GM la ha mantenido operando de forma independiente, pero, en el momento en que la tecnología esté más avanzada, serán los primeros en lanzarla al mercado.

En el gráfico 6.1 se visualizan perfectamente los distintos tipos de innovación mencionados.

Gráfico 6.1. Gestionando tu portafolio de innovación

Fuente: Elaboración propia a partir de «Managing your innovation portfolio», de Bansi Nagji y Geoff Tuff.

6.6. Juegan al Tetris

Probablemente haya lectores que no conozcan el Tetris, un videojuego arcade muy popular entre los jóvenes a finales de la década de 1980 (o tal vez todo el mundo lo conozca, porque aún está disponible). Es un juego que consiste en realizar una línea con piezas de distintas formas, que van cayendo de manera aleatoria en la pantalla y que debes encajar en la línea base. Con el paso de los niveles, las piezas van cayendo de forma más rápida, con lo que tienes menos tiempo para pensar, alinearlas y encajarlas en una fila.

Las *start-ups* viven siempre en un alto grado de incertidumbre y saben que todos los días van a aparecer desafíos inesperados. Lo que no hay que esperar en la vida son menos problemas, sino aprender nuevas habilidades para resolverlos. Esto es lo que hacen precisamente los emprendedores, y, como en el Tetris, encajan los retos que van apareciendo. Eso implica poseer una alta capacidad de adaptabilidad y, como se dice en el lenguaje de las *start-ups*, tener la habilidad de pivotar rápido, siendo capaz de modificar rápidamente tu estrategia o estructura organizativa para adaptarla al entorno.

Esto es lo que se denominan las «estrategias o estructuras líquidas». Se refiere a la velocidad, flexibilidad, escalabilidad, aceleración y ambidestreza que posee una compañía. Para ser ágiles en estas cinco características, se necesitan estructuras organizativas que no sean rígidas y que permitan aumentar o reducir recursos velozmente y con la mínima disrupción. También se requiere de empleados que posean los conocimientos para trabajar potencialmente en distintos departamentos y a quienes se pueda empoderar para que tomen decisiones ágilmente.

Las organizaciones más líquidas, especialmente en los años de la COVID-19, fueron las que obtuvieron mayores beneficios, porque se adaptaron al nuevo entorno ágil y fácilmente.

Un caso de empresa líquida que me llamó la atención a principios de 2020, cuando comenzó la pandemia, fue el de American Express. Anticipando que las restricciones de movilidad (vuelos, hoteles...) se alargarían en el tiempo y que aumentarían los impagos por la desaceleración de la economía mundial, trasladó buena parte de los empleados de su división de agencia de viajes al departamento de crédito. Lo pudo hacer porque en su política de contratación priorizaban los candidatos con un alto coeficiente de adaptabilidad, y sus políticas de formación incluían el aprendizaje de capacidades más allá de sus puestos de trabajo actuales.

Junto con Laura Linares, Néstor Guerra y Marion Chalumeau, en 2022 escribí un artículo publicado en la revista *Harvard Deusto* titulado «Caso: ¿Cómo generar una cultura innovadora? Aprendizajes del Programa Atomik de Novartis»; en ese artículo, el lector encontrará todas las claves que nos permitieron cambiar la cultura de Novartis Oncology en España, crear un modelo interno y externo para acelerar la innovación y el concepto de organización ambidiestra —similar al que se explica en el artículo «The ambidextrous organization», escrito por Charles O'Relly y Michael Tushman.

Una de las claves para convertirnos en una organización fluida fue la de crear la denominada estructura dual o ambidiestra. En combinación con el organigrama tradicional, formamos varios grupos de trabajo multidisciplinares con gente de distintos departamentos, con autonomía propia, que denominamos células. Una célula en biología es la unidad mínima de vida, y lo que instauramos fue una estructura organizativa paralela de equipos trabajando en proyectos estratégicos e iniciativas innovadoras con metodologías ágiles o flexibles. En el pasado, las estructuras organizativas eran el punto de referencia alrededor del cual giraba la estrategia de las compañías. En el futuro, en un contexto tan volátil, serán en cambio los comportamientos y la cultura.

En los últimos años se ha hablado mucho de este tipo de técnicas y sus beneficios en las grandes multinacionales. Personalmente, yo soy un enamorado de ellas. Nos ayudaron mucho a transformarnos en una organización más fluida, innovadora y colaboradora.

Sin embargo, estas metodologías conllevan también unos riesgos. En su artículo «The hard truth of innovative cultures», Gary Pisano explica claramente sus peligros y los valores necesarios para que funcionen:

- **Tolerancia al error**, pero intolerancia a la incompetencia.
- **Cultura de experimentación**, pero con una disciplina rigurosa.
- **Entornos psicológicamente seguros**, pero proporcionando un *feedback* honesto.
- **Colaboración entre equipos**, pero con responsabilidad individual definida.
- **Estructuras planas**, pero con un liderazgo sólido por parte de los directivos.

6.7. Aprenden rápido

En el pasado se decía que las empresas grandes eran las que se iban a comer a las pequeñas. Luego se habló de que las que tomaran las decisiones más rápido ganarían a las lentas. En el futuro, las organizaciones que aprendan más rápido serán las que tendrán éxito.

Una vez me propusieron convertirme en inversor de una empresa. El mercado era atractivo, y el modelo de negocio resultaba interesante. El equipo era bueno; el producto, innovador, y la valoración de la empresa, razonable. Tenía prácticamente la decisión tomada de invertir. Sin embargo, cuando pregunté cuáles eran los riesgos que veían los fundadores, me dijeron que eran una organización que aprendía lentamente. Eso fue como una «sentencia de muerte», y decidí no realizar ninguna inversión. Una organización con poca capacidad de aprendizaje está abocada al fracaso.

Los emprendedores poseen una necesidad insaciable de aprender. Iñaki Berenguer me explicó que, cuando fundó Coverwallet, desconocía totalmente el mundo de los seguros. De hecho, empezó leyendo el típico libro de seguros «para *dummies*». Sin embargo, vio la oportunidad de reimaginar los seguros de las pequeñas y medianas empresas, por los que hasta entonces se pagaban unas cantidades desorbitadas de dinero, en un mercado en el que existían muchas ineficiencias. Con una voracidad por aprender lo máximo posible en el menor espacio de tiempo para capturar esta oportunidad, en menos de un año se convirtió en una de las personas con mayor conocimiento en ese sector. Unos años más tarde, esto le sirvió para vender su empresa a Aon, una de las compañías de seguros más grandes del mundo.

Me llamó también la atención la importancia que le dan a los datos. Una de las frases célebres de este eco-sistema es la siguiente: «*In God we trust, all the rest must bring data*» («En Dios creemos, todos los demás deben traer datos»). Su aprendizaje y desaprendizaje está basado en métricas de *performance*, análisis de informes o ratios. Dejan muy poco espacio a la subjetividad, y sus decisiones se basan en KPI que sean medibles. Lo que no se puede medir no se puede mejorar, y son capaces de no ejecutar algún nuevo proyecto, por muy atractivo que parezca, si no disponen de alguna manera de medirlo. En las grandes empresas, por el contrario, creo que existe más subjetividad a la hora de tomar decisiones e implementar iniciativas. No existe todavía tanta focalización en los números o los *unit economics*, y, aunque se consideran, no son siempre la principal razón a la hora de tomar decisiones.

6.8. Disruptores

En el artículo «6 Strategic Concepts That Set High-Performing Companies Apart», escrito por Kaihan Krippendorff, se explica la evolución en las líneas estratégicas de las compañías empezando en 1960, donde aparece por primera vez el concepto de DAFO (debilidades, amenazas, fortalezas y oportunidades), pasando por 1980, cuando Michael Porter lanza el concepto de ventaja competitiva, y hasta llegar a los años noventa, cuando Clayton Christensen habló por primera vez del concepto de *disrupción*. En el año 2024, y tras analizar más de 3.000 organizaciones, Krippendorff describe los factores de éxito estratégicos de las mejores corporaciones en la actualidad.

Siempre me ha apasionado el concepto de disrupción. Según Nicholas Negroponte, fundador del Massachusetts Institute of Technology (MIT), una *disrupción* es un cambio en el entorno que tiene el potencial de hacer fracasar, o desaparecer, a una empresa en el futuro. Existen multitud de ejemplos de disrupciones que seguro conoces, como la que le ocurrió a la empresa finlandesa Nokia.

Las disrupciones ocurren principalmente por tres motivos:

- **Ausencia de conocimiento**. Por ejemplo, del impacto de la aplicación de una nueva tecnología en la cadena de valor de una compañía.
- **Falta de capacidades**. Cuando los miembros de una empresa no disponen de alguna competencia clave; por

ejemplo, como ocurre en la actualidad con todo lo relacionado con el análisis del *big data*.

- **Carecer de un contexto adecuado**. Si el líder, por ejemplo, establece una cultura que penaliza innovar, probablemente la firma será superada por un competidor que permanentemente esté buscando cómo mejorar su producto.

Los emprendedores que he conocido poseen el anhelo de convertirse en los disruptores de cualquier sector, y por tanto están siempre atentos a cualquier mutación que se produzca en un mercado para ser así los primeros en capturar la oportunidad. Establecen la cultura adecuada para que se produzcan innovaciones, están permanentemente aprendiendo y son curiosos.

Uno de los modelos que aprendí de las *start-ups* a la hora de implementar ideas disruptivas es: primero, *think big*; segundo, *start small*, y, finalmente, *escalate fast*. Precisamente, cuando diseñamos nuestro modelo de innovación en España, éste fue el enfoque que seguimos a la hora de implementar los nuevos proyectos. Hasta entonces seguíamos el modelo tradicional de pensar nosotros una idea, muchas veces sin testar con clientes el encaje mercado-solución, e implementarla directamente a escala. Si la solución no funcionaba, perdíamos mucho tiempo y recursos al no seguir el modelo anteriormente descrito.

El aprendizaje para las grandes empresas es que debes «*disrupt yourself, before you are disrupted*» («reinventarte antes de que lo haga alguien por ti»). Esto significa ser valiente y asumir riesgos, sabiendo que, si no lo haces, alguien ahí afuera lo desarrollará en tu lugar.

Todas las *start-ups* buscan constantemente cuál será «*the next big thing*» ('la siguiente gran cosa'). En estos momentos, todas las compañías hablamos de diversidad y de sostenibilidad. Sin duda, éstos son dos temas relevantes que marcarán la agenda empresarial de los próximos años, pero que actualmente son poco diferenciales. Los mensajes corporativos en estas áreas son muy parecidos, convirtiéndose, digamos, en el «*ticket to play*» (lo mínimo que tienen que hacer las empresas para competir). En mi opinión, la pregunta clave es anticipar de qué se hablará dentro de cinco años, para así poder identificar con antelación la siguiente ventaja competitiva.

Éste es un tema que he analizado en profundidad, sobre todo con Esther Espinosa, la directora de comunicación de Novartis en España. En mi opinión «*the next big thing*» será el concepto de «salud ampliada», y a continuación explicaré por qué.

Un tema muy relevante es el progresivo envejecimiento de la población. Se estima que, en 2050, una de cada seis personas (16 por ciento) será mayor de 65 años, aumentando desde una de cada once (9 por ciento) que existe en la actualidad. En el libro *La vida de 100 años*, de Lynda Gratton y Andrew Scott, se expone que la esperanza de vida media en los países desarrollados para los niños nacidos actualmente será de 103 años. Esto provocará grandes cambios sociales y demográficos, como el fin del paradigma de las tres etapas de la vida (estudiar, trabajar y jubilarse), además de una fuerte tensión económica en los países para sostener sus sistemas de salud.

Asimismo, en el futuro, el concepto de salud irá más allá de la salud física, incluyendo también la salud mental, la química, la cognitiva... Se dará un giro de 180 grados en la visión de la salud de las personas, que tendrá en cuenta sus diferentes dimensiones. La salud nos afecta a todos, ya que todos somos o seremos pacientes algún día. Por eso creo que la salud es lo más importante, ya que sin ella no hay economía, no hay progreso, no hay nada. Por todas estas razones, además de por el envejecimiento de la población anteriormente señalado, estoy convencido de que todo el mundo hablará en los próximos años de este concepto de «salud ampliada», es decir, el de invertir en la prevención y el cuidado sin dejar a nadie del equipo atrás.

Si lo pensamos bien, todas las empresas, de una forma u otra, operamos en el sector de la salud. Hablando con un famoso director de cine, me dijo que él también trabajaba en el sector de la salud. De algún modo, teletransportaba a los espectadores a otra realidad, para que desconectaran de sus problemas y preocupaciones, ayudándolos en su salud mental.

Los profesionales sanitarios y los gobiernos ya no serán los únicos que se ocuparán de nuestro bienestar físico y emocional, sino que, por primera vez, la expectativa será que las corporaciones cuiden también de la salud de sus empleados. Esto abrirá un nuevo capítulo en la responsabilidad social de las empresas, y también una interesante reflexión acerca de cómo cada una de ellas se responsabilizará del bienestar de sus trabajadores.

6.9. Gestión del fracaso

Como muchos lectores sabrán, a los famosos The Beatles los expulsaron de sus clases de música y solfeo en el colegio. A Michael Jordan no lo seleccionaron para jugar en el equipo del instituto. ¿Qué habría pasado en la historia musical o en el mundo del baloncesto si estas personas hubieran decidido abandonar sus sueños?

Parece que pronunciar la palabra *fracaso* está prohibido en muchas empresas, cuando en realidad es algo que ocurre con frecuencia, y que todos nosotros, en algún momento de nuestra carrera profesional, tendremos que afrontar.

En las compañías, el hecho de no equivocarse es un indicador de que se está haciendo lo mismo de siempre y de que no se innova. Cuando eso pasa, las probabilidades de que tus competidores te adelanten son tremendamente altas. Los directivos con mucha experiencia suelen ser los primeros que empiezan a no querer equivocarse, porque intentar algo nuevo implica asumir riesgos. Piensan que puede afectar a su estabilidad profesional (sobre todo en sus últimos años de carrera) o provocar conflictos con otras personas que después les podrían pasar factura, o bien, simplemente, no lo contemplan porque no quieren salir de su zona de confort.

Cuando era pequeño, mis padres nos llevaban todos los años a mi hermana y a mí a la nieve. Me encantaba hacer *snowboard*, y llegué a practicarlo realmente bien. Hasta que llegó un momento en el que dejé de mejorar. Fue cuando empecé a tener miedo a caerme. Comencé a no arriesgar y, en ese deporte, si no arriesgas cada vez un poco más, es imposible progresar.

Como líder, debes crear una cultura en la que se acepte fallar, se aprenda rápido de los errores y se tomen esos fallos como una oportunidad para ser mejores. El fracaso no es lo contrario del éxito; el fracaso forma parte del éxito. Quien evita el fracaso está evitando el éxito; así pues, los directivos deben fomentar la experimentación, asumir riesgos y admitir los fallos y errores. Pero no se debería aceptar que se cometan los mismos errores. Una de las características de la cultura de la cadena de hoteles Four Seasons es que no se sanciona el hecho de equivocarse, sino que se comparten los fracasos con los miembros del equipo para que la gente aprenda. Sin errores y aprendizajes, no ocurre nada mágico en la vida.

En algunos países, como España, se castiga a aquellas personas que no han tenido éxito, hasta incluso convertirlas en una especie de marginados sociales. Se piensa que quien fracasa una vez se convierte en un fracasado. En otros países, como en Estados Unidos, en el que viví más de cuatro años, el emprendedor que ha fallado anteriormente es mucho mejor valorado por potenciales inversores, pues entienden que es una persona con una experiencia muy valiosa.

Thomas Ebeling, que fue CEO de Novartis, siempre decía que uno de sus criterios de selección para contratar a un alto directivo era que el candidato hubiera experimentado algún fracaso en su carrera. En su opinión, era altamente recomendable trabajar con gente que no hubiera alcanzado algún objetivo importante, pues eso la hacía mucho más fuerte y preparada para asumir desafíos futuros.

Las *start-ups* no tienen miedo al fracaso, que forma parte de su ADN, ya que más del 90 por ciento de ellas no sobrevivirán. En el mundo emprendedor, la cultura es la de «*fail fast, fix fast, learn fast*» ('equivócate rápido, soluciónalo rápido, aprende rápido'), y saben que arriesgarse es la única manera de triunfar.

Ideas fuerza del capítulo 6: innovación en liderazgo: ¿qué he aprendido del ecosistema emprendedor y de las start-ups*?*

- Si quieres conocer cómo será el mundo en diez o quince años, **resulta fundamental que tengas relación con el ecosistema emprendedor**.
- Existen multitud de aprendizajes que las grandes corporaciones podemos aprovechar de este fascinante mundo, comenzando por propósitos inspiradores y desafiantes, la mentalidad de provocar disrupciones en cualquier mercado que mejoren la calidad de la vida de la gente y una cultura de aprendizaje continuo. **Hay que tener siempre una mirada de crecimiento exponencial, asumiendo riesgos y sin miedo al fracaso.**
- Casi como una obsesión, **se deben conocer antes que nadie las necesidades no cubiertas de los clientes** y cómo trasladar eso a un nuevo producto o servicio.
- **Todo lo anterior hay que afrontarlo con un enfoque colaborativo**, trabajando en verdaderos eco-sistemas con otros socios (no en ego-sistemas), en los que exista cocreación de valor entre todos ellos.

7

Curiosidad: la necesidad insaciable de aprender, desaprender y reaprender

> Juzga a los hombres por sus preguntas, no por sus respuestas.
>
> VOLTAIRE, filósofo

Una de las preguntas más frecuentes que recibo en mis clases es la de si el líder nace o se hace. Existen argumentos válidos que defienden ambas opiniones. En mi opinión, el líder se hace, y enseguida expondré por qué.

Por mi cuarenta cumpleaños, mi esposa me regaló el tiempo para que, durante seis meses, pudiera preparar un Ironman, ya que era uno de mis sueños por cumplir. Ésta es la competición más dura del triatlón. Se trata de nadar 3,8 kilómetros, rodar en bicicleta 180 kilómetros y acabar corriendo una maratón (42 kilómetros). Para prepararlo, contacté con un entrenador que cada semana me enviaba el plan de entrenamientos. Aproximadamente eran unas 12-14 horas a la semana, bastante exigente desde un punto de vista físico, y también laboral (tuve que hacer maravillas para compatibilizarlo con mi trabajo) y social (dejé de asistir a muchos encuentros con amigos, pues no me daba tiempo a todo).

El mismo preparador le diseñó un plan diferente a un amigo que quería completar la misma prueba en el mismo tiempo al que aspiraba a hacerlo yo (menos de 12 horas). Su rutina era de unas 8-10 horas a la semana (casi un 40 por ciento menor). Mi amigo siempre tuvo un don natural para los deportes, y su constitución era delgada, por lo que su fisiología de base era mejor que la mía, y por tanto no necesitaría entrenar tanto para conseguir el mismo resultado. No obstante, sin dedicar al entrenamiento las horas que el entrenador le había marcado, sería imposible que pudiera finalizar el Ironman.

En lo que respecta al liderazgo, algunos poseen en su ADN cualidades como las que hemos descrito anteriormente, que destacan en los líderes más admirados y que les pueden dar más facilidad para liderar equipos. Pero, aun así, si no las desarrollas o las trabajas, estoy convencido de que no conseguirás convertirte en un líder. Albert Einstein decía que «el genio se hace con un 1 por ciento de talento y un 99 por ciento de trabajo».

Por estas razones, creo firmemente que el líder se hace. En mi caso, nunca creo que llegaré a convertirme en el líder que aspiro a ser, pero intento mejorar todos los días para acercarme a ese ideal.

La pregunta que surge es cómo formar a los líderes para un futuro que no podemos predecir. A continuación expondré las tres claves que considero más relevantes.

7.1. Fomentar la curiosidad

En el capítulo 2 explicamos que una de las cosas que motivan a los profesionales es la posibilidad de estar continuamente aprendiendo en sus trabajos (y en otros capítulos hemos visto también este aspecto clave asociado a otros). Ese continuo aprendizaje tiene que ver con tener la capacidad y la posibilidad de ser curiosos. Una de las personas que mejor ha analizado esta capacidad es precisamente el impulsor de la innovación Alfons Cornella. Uno de sus proyectos, denominado «*Curiosity Atelier*» (plasmado en su web homónima),[4] trataba exclusivamente sobre este

4. Véase: <https://www.curiosityatelier.com>.

tema. Incluso escribió un libro muy interesante sobre lo mismo titulado *Curiosidad: la lujuria de la mente.*

La curiosidad se ha convertido en la ventaja competitiva más importante del mundo empresarial, tanto para las personas como para las organizaciones. De hecho, algunos la consideran como la quinta C del liderazgo. Cuestionarse cómo hemos realizado hasta ahora las cosas, reflexionar sobre cuáles han sido nuestros factores de éxito, observar los problemas desde una perspectiva diferente y aprender nuevos modelos de negocio son sólo algunos ejemplos de curiosidad.

Varias investigaciones demuestran que la curiosidad proporciona beneficios muy claros para el negocio, con un efecto positivo en la cuenta de resultados: mejora nuestro proceso de decisión, pues reduce nuestra susceptibilidad a los estereotipos, y aumenta la resiliencia de las organizaciones al promover el pensamiento creativo, sobre todo en tiempos de incertidumbre y presión. Fomentar la curiosidad conduce a innovaciones disruptivas. Sin embargo, sólo un 25 por ciento de los empleados sienten que pueden explorar con libertad su curiosidad en el trabajo, y un 70 por ciento encuentran barreras para poder desarrollarla.

Los motivos por los que hay directivos que no fomentan la curiosidad son dos: el primero, por el miedo a generar un caos en sus equipos y que no lo sepan gestionar, y el segundo, porque, al estar constantemente buscando la eficiencia, no dejan espacio para la experimentación.

En los últimos años han surgido unos perfiles de profesionales muy interesantes que se denominan *knowmads* (término que aúna *conocimiento* y *nómadas*). Se refiere a aquellos individuos que son creativos, pero sobre todo curiosos, con capacidad de trabajar en equipos diversos o incluso en sectores económicos distintos al suyo. Son personas que, gracias al trabajo híbrido, pueden llegar a trabajar desde países exóticos, mientras viven experiencias únicas por todo el mundo, algo que reconozco que me habría encantado realizar cuando era joven.

Debemos mantener la curiosidad a lo largo de toda nuestra

vida. Albert Einstein siempre decía: «No tengo talentos especiales, sólo soy permanentemente curioso».

7.2. Aprender, desaprender y reaprender

Dicen que, si quieres saber cómo es alguien de verdad, hay que observarle jugando a algún deporte. En mi caso, tras operarme del menisco, imagino que por el desgaste de todos los años haciendo triatlón, decidí en 2018 aprender a jugar al tenis. Quería un nuevo desafío a nivel personal, que sacara lo mejor de mí. Desde entonces, y con una positiva obsesión por mejorar cada día, he alcanzado un nivel que me permite competir con gente que lleva muchos más años jugando. No me importa que sea un entrenamiento o un partido de algún campeonato social, siempre doy lo mejor de mí. Reconozco que soy competitivo, y esto se refleja en la cancha, igual que en el trabajo. Fabio, mi profesor, me dice que mi mayor ventaja respecto a otros es que aprendo rápido. Lo mismo sucede, como hemos explicado, con las empresas.

Una cualidad que subyace en todos los grandes ejecutivos es su necesidad insaciable de aprender. No he conocido a ningún gran líder que sea aficionado a las series de Netflix o Amazon, pero sí que tengan grandes bibliotecas. No todos los lectores son líderes, pero sí todos los líderes son ávidos lectores.

Otro artículo de Xavier Marcet es «Crecer haciendo crecer» (el mismo título que su libro homónimo), donde explica que nuestra mejor versión aparece cuando crecemos haciendo crecer a otros. Si creces como líder harás crecer a tu equipo, y si ellos crecen aumentará el negocio y mejorará la cuenta de resultados. La mejor forma de progresar es aprender; cuando paras de formarte, no estás creciendo.

Muchas veces me preguntan cómo consigo estar continuamente aprendiendo. Mi respuesta: sencillamente, lo hago porque es una prioridad y anhelo lograr mi mejor versión, personal y profesional. Algunos estudios apuntan que, si no invertimos al menos siete horas semanales en nuestra formación, en tres años perderemos el 40 por ciento de nuestras habilidades. Esto significa que en diez años estaremos obsoletos en el mercado laboral. Un ejemplo claro de ello lo encontramos en la aplicación de las nuevas tecnologías en nuestras empresas. Si no conocemos los casos de uso, será imposible ser competitivo.

Igual de importante es aprender que estar abierto a desaprender y reaprender. Por mucha experiencia que tengamos, debemos cuestionarnos siempre nuestro algoritmo, nuestras creencias y nuestros juicios. Haseeb Ahmad, presidente de Novartis Europa, siempre decía: «*Minds are like parachutes, they work better when they are open*» ('Las mentes son como los paracaídas, funcionan mejor cuando están abiertas').

Otro de los conceptos de la cultura japonesa que me parece fascinante, además del de *ikigai*, es el de *shoshin*, o 'mente de principiante', que alude a ver las cosas como si fuera la primera vez, sin ningún prejuicio u opinión previamente establecido.

Cuando se trabaja muchos años en el mismo sector, es natural acostumbrarse a analizar los temas desde la misma perspectiva. Los que nos rodean poseen algoritmos y *cookies* similares, y esto refuerza nuestras creencias. ¿Estamos perdiendo oportunidades por tener esta mirada uniforme? Anteriormente explicamos los beneficios de los equipos diversos, y lo que deriva del *shoshin* es ser valiente y contratar profesionales de otros sectores, incluso recién licenciados, con la mente abierta y sin contaminar por los estereotipos de un sector.

Una práctica especialmente útil cuando las empresas poseen desafíos que llevan tiempo sin resolver. En mi etapa de director general en España, y gracias al excepcional trabajo de Mariana Ludolini, que era la directora de recursos humanos y una de las mejores profesionales que he conocido, el 50 por ciento de las nuevas contrataciones que realizamos fueron de compañías ajenas al sector farmacéutico. El riesgo era que estos empleados tardarían más tiempo en dar resultados, pues deberían primero conocer nuestro sector y necesitarían un *onboarding* (o proceso de integración al equipo) específico; sin embargo, los beneficios que estos talentos podían aportar, en términos de diversidad y de nuevas perspectivas, compensaban sin lugar a duda el riesgo.

En mi opinión, existen siete claves que me permiten estar constantemente aprendiendo. Veámoslas...

Pasión

Te debe entusiasmar e interesar aquello en lo que quieres formarte. Debes sentir algo en tu interior que te anime a anhelar saber más.

En mi caso, me fascina observar a los mejores jugadores de tenis. No me canso de verlos para aprender golpes nuevos y mejorar mi juego. En el trabajo me ocurre exactamente igual, me encanta lo que hago y aprender cosas nuevas constantemente, y reconozco que hasta me divierto.

El poder de los mentores

A lo largo de mi trayectoria profesional he tenido la suerte de rodearme de grandes mentores, personas como Jesús Acebillo o Francisco Ballester, y estoy seguro de que sin ellos no habría conseguido llegar donde me encuentro ahora. Este tipo de figuras, a través de su experiencia y sabiduría, son una enorme fuente de inspiración y aprendizaje para el crecimiento de cualquier directivo. Un mentor no es un jefe ni un *coach*, ni debería serlo. El objetivo es que te aporte su conocimiento y una mirada objetiva (al no estar directamente implicado en tu trabajo), así como que te guíe con sus consejos. No implica que necesariamente tengas que seguir sus recomendaciones, pero éstas serán siempre una buena fuente de reflexión.

Con los años me he convertido también en mentor de algunos jóvenes profesionales. Te aseguro que, además de la gran experiencia que es para los *mentees*, para mí es enriquecedor por la oportunidad de aprender de ellos. Esto está totalmente alineado con mi propósito, y por eso creo que me gusta tanto.

Algo que suelo preguntar durante mis charlas de liderazgo a los asistentes es si poseen algún mentor. Si la respuesta es negativa, les sugiero que lo pidan en sus empresas o que se los busquen ellos mismos con gente que consideren como un referente. Este *mentoring* puede ser formal o informal, eso no importa; la clave es poseer este recurso no sólo para estar continuamente aprendiendo, sino para disponer de consejeros o de alguien que te proporcione una visión externa o más objetiva.

Eficiencia

Un líder no pierde el tiempo. El tiempo es uno de esos recursos que no se pueden recuperar y, en el caso de la mayoría de los directivos, es bastante escaso. Yo intento siempre maximizar mi tiempo y no malgastarlo. Decido minuciosamente en qué lo invierto, asegurándome de que al hacerlo estoy alineado con mis prioridades, y evitando al máximo lo que denomino los «ladrones de tiempo», como las personas o reuniones que no me aportan valor o dedicar tiempo a temas en los que no tengo ninguna influencia o poder de decisión. En mi vida personal, me sorprende la cantidad de tiempo que dedica la gente en los grupos de WhatsApp a comentar temas insignificantes, y también en las redes sociales, como Facebook, TikTok o Instagram. Con los años, sobre todo después de ser padre y para poder estar más tiempo con mis hijos, reconozco que me he vuelto muy estricto con este tema.

Cada uno de vosotros tendrá un enfoque diferente para gestionar su agenda, pero a continuación expongo algunos de mis aprendizajes más relevantes en esta área:

- Todos los ejecutivos pasamos mucho tiempo en viajes, traslados...; **la clave es que estos momentos no sean irrelevantes, sino un tiempo para aprovecharlo**. Cuando vuelo, suelo ser el primer pasajero que abre el ordenador para trabajar o un libro para leer. En un taxi, automáticamente pienso qué llamadas tengo pendientes, o bien contesto rápido algún e-mail. Tengo esta mentalidad de ser lo más eficiente posible para así luego poder dedicar más tiempo a mi familia, a mis amigos o al deporte.

- Un cambio enorme en el manejo de mi agenda lo hice a raíz de preguntar a muchos emprendedores cómo gestionaban su tiempo. **La mayoría, por defecto, realizaba reuniones de 30 minutos como máximo. En mi caso habían sido siempre de una hora, justamente el doble**. No pensaba que fuera posible, pero aprendí cómo ser más efectivo y conseguir los mismos objetivos en sólo 30 minutos. Ahora, no sólo ahorro un 50 por ciento de mi tiempo, sino que también le libero espacio en la agenda a las otras personas.
- Seguro que has escuchado hablar de los MVP, los «*minimum viable products*» ('productos mínimos viables'). Es un concepto que se utiliza en el mundo de las *start-ups* y empresas tecnológicas, y que significa la versión de un producto que se desarrolla con la menor cantidad de esfuerzo posible para obtener valoraciones de los clientes antes de invertir más recursos. **A la hora de gestionar mi agenda, algo que me planteo es cuál es la MVM, es decir, la «*minimum viable meeting*» ('reunión mínima viable'), la reunión con el menor número posible de asistentes y en la menor cantidad de tiempo**. Es un concepto parecido a lo que Amazon denomina «*2 pizza team*», es decir, organizar reuniones como máximo con el número las personas que podrían comer con sólo 2 pizzas.
- **Otra área de ineficiencia en las corporaciones es agendar reuniones en las que los decisores del tema que se está tratando no se encuentran en la sala**. Esto provoca crear múltiples reuniones de alineación, ya que la decisión depende de personas que no están presentes. Me parece interesante el enfoque que posee LinkedIn para agilizar su proceso de toma de decisiones. Tienen la regla de que, si en cinco días dos ejecutivos no se han puesto de acuerdo en un asunto, están obligados a escalarlo a sus superiores para que se tome una decisión.

En el capítulo 9 explicaré cómo organizo mi tiempo, pero, como decía antes, siempre dispongo de espacios en la agenda para aprender. Eso es algo que se consigue únicamente cuando eres muy disciplinado y tienes claras las prioridades sobre en qué quieres invertir tu tiempo.

Extenso networking

Durante mi estancia en Nueva York coincidimos un grupo grande de amigos que, además de divertirnos mucho, compartíamos intereses e inquietudes profesionales. Todos trabajábamos en la Gran Manzana, lejos de España, y construimos una gran relación que hemos mantenido a lo largo de los años. La mayoría ocupan ahora puestos de responsabilidad en distintas empresas. Esta red de personas se ha ido extendiendo en el tiempo con «amigos de amigos», también profesionales de éxito en diferentes sectores.

Con el objetivo de fortalecer esta red y nuestra curiosidad, en 2021 me asocié con mis amigos Ricardo Fernández Muiños, socio de Deloitte, y Antonio Gómez-Tembleque, *managing director* de Apollo en España, para fundar el Grupo Hydra. Esta iniciativa nació a partir de darnos cuenta del poco conocimiento del trabajo que realizábamos cada uno de nosotros. Aprovechando que quedábamos a cenar varias veces al año en Madrid, decidimos organizar estas veladas de una forma diferente. Para aprender sobre los sectores en los que operábamos, antes de comenzar la cena, uno de nosotros explicaría durante unos noventa minutos el modelo de negocio y el futuro de su sector; por supuesto, sin revelar ninguna información confidencial de nuestras empresas, pero compartiendo las mejores prácticas y particularidades.

Estas reuniones se convirtieron en un éxito, y cada vez era más la gente que quería asistir. De hecho, hemos ampliado el número y la diversidad de los miembros de Hydra. Además de las cenas, hemos incorporado nuevas actividades para potenciar el grupo y seguir compartiendo conocimiento.

Poseer una extensa red de personas trabajando en distintos sectores te permite conocer, prácticamente por ósmosis, cuáles son las tendencias futuras en el mundo empresarial, o bien, simplemente, aprender otros modelos de negocio. Fomentando esta curiosidad, seguro que luego podrás incorporar muchos de estos aprendizajes a tu trabajo diario.

Docencia

Mi propósito en la vida es «desarrollar líderes para mejorar el mundo». Una de las formas que descubrí para hacerlo realidad es compartir mis conocimientos y experiencia con jóvenes que aspiren a cambiarlo. Por ello me encanta impartir clases de liderazgo y estrategia a estudiantes de MBA o directivos, personas que tengan un potencial efecto multiplicador de transformación de la sociedad en el futuro. De hecho, cuando me preguntan qué me gustaría hacer dentro de diez años, lo que más me apetece es acabar mi carrera profesional impartiendo clases en alguna escuela de negocios, como, por ejemplo, en ESADE, que es donde estudié mi MBA.

Leí un artículo escrito por Sydney Finkelstein, titulado «Great leaders are great teachers», que precisamente hablaba de esto. A los grandes líderes les encanta enseñar, dar más que recibir y hacer *coaching*. Una de mis prioridades es que mi equipo esté permanentemente aprendiendo. Me gusta lo que dice el empresario Richard Branson: «Forma bien a las personas para que puedan irse, trátalas lo suficientemente bien para que no quieran hacerlo». Preparar una ponencia me obliga a estudiar y a leer los últimos libros o artículos sobre un determinado tema, así como a cuestionarme permanentemente mis creencias. Los alumnos, muchas veces con su *shoshin*, o 'mente de principiante', siempre realizan preguntas interesantes o retadoras que te obligan a pensar. No soy un académico, y sólo puedo hablar desde mi experiencia, tal como estoy haciendo en este libro, por lo que me encanta debatir y escuchar sus perspectivas.

Una de las frases más célebres de Albert Einstein es la siguiente: «Si no puedes explicar algo de forma sencilla, es que no lo entiendes lo suficiente». Pero podríamos reordenar estas ideas para afirmar: «Si no entiendes algo lo suficiente, explícalo». La mejor forma para asimilar y entender un determinado concepto es explicárselo a otra persona, por eso creo que la docencia es muy útil.

De alguna forma también intento aprovechar las redes sociales, sobre todo LinkedIn, para compartir con una comunidad más amplia de personas mis aprendizajes y reflexiones. Espero que inspire a otros líderes a soñar, a pensar en grande y a crear un mundo mejor.

Archivo máster

Uno de mis secretos mejor guardados es un archivo de PowerPoint que contiene más de dos mil diapositivas, y que voy constantemente ampliando. Básicamente todo lo que leo o escucho que me parece interesante lo incorporo a este documento para no olvidarme.

Lo guardo por si en el futuro me puede resultar útil para una clase o por si tengo que hacer una presentación en mi empresa y me puede servir de apoyo. Es una buena fuente para crear el *storytelling* del que hablé en el capítulo 5. De vez en cuando examino diapositivas más antiguas para recuperar ideas o conceptos que se me pueden haber olvidado.

Te garantizo que nadie se puede acordar de todo lo que lee o aprende, así que quizá implementar este método te pueda resultar interesante.

Multimedia

Reconozco que soy un lector empedernido de libros de *management*, especialmente sobre liderazgo y estrategia. Estoy suscrito a varios *newsletters*, como, por ejemplo, a *Get Abstract*, que te envía el resumen ejecutivo de un libro cada semana. También soy suscriptor de varias revistas de *management*, como *Harvard Business Review*, y científicas, como *Nature*. Además, en LinkedIn y X (antes Twitter) sigo a personas que considero «líderes de opinión» y que siempre me inspiran. En definitiva, intento recopilar la mayor cantidad de información relevante desde distintas fuentes para estar continuamente aprendiendo.

Una fuente de inspiración que creo que está subestimada es leer el periódico todos los días. En los diarios encuentro información muy útil de distintos ámbitos (internacional, económica, deportiva...), que luego me sirve para conectar conceptos y crear nuevas ideas.

De la sección de deportes, y en concreto de las entrevistas a deportistas de élite, como Rafa Nadal, puedes extraer reflexiones interesantes para compartir en una presentación a los comerciales de tu empresa si, por ejemplo, quieres hablar de competitividad o resiliencia.

Sugiero también leer novelas o libros de historia, ya que es otra fuente de inspiración. En definitiva, intento leer lo máximo que puedo.

7.3. Del liderazgo en «I» al liderazgo extendido en «T»

En los inicios de una carrera profesional, estás centrado en una determinada área funcional, como, por ejemplo, el departamento de marketing o el legal. En esa etapa, la clave es aprender mucho sobre esa función para convertirte lo más rápidamente posible en un experto, alguien que los demás visualicen como una referencia por tu grado de conocimiento. Estos perfiles se denominan «contribuidores individuales», y, a nivel de liderazgo, este conocimiento en vertical se llama liderazgo en «I».

Con el tiempo, tu desarrollo pasa por evolucionar del liderazgo en «I» al liderazgo en «T». Este último se alcanza cuando, además de tu conocimiento funcional, incorporas conceptos de otros departamentos adyacentes al tuyo. Por ejemplo, cuando el director de finanzas aprende cómo funciona la dirección comercial o el departamento de recursos humanos. El conocimiento de estas áreas laterales nunca será tan exhaustivo, pero necesitas adquirir ciertos conocimientos básicos para tener discusiones productivas con otros colegas.

Una de las herramientas que utiliza mucha gente, además de estar continuamente formándose, y que recomiendo, es la de realizar un máster en administración de empresas (*master in business administration*, MBA) para adquirir ese conocimiento más generalista de otros departamentos. A partir de posiciones más sénior, mi invitación es la de mostrar interés por comprender cómo funcionan otros departamentos o sectores económicos distintos al tuyo, además de, por supuesto, seguir educándote con cursos monográficos sobre algún tema en alguna institución o universidad.

Cuando se logra este liderazgo en «T», el desafío es ampliarlo al que se conoce como liderazgo extendido en «T». Las personas que lo logran son las que, además de ser expertas en una función y conocer sus áreas colaterales, deciden aprender nuevas habilidades o técnicas de otros sectores; por ejemplo, herramientas para el diseño de nuevos productos o metodologías para fomentar la innovación.

Estos tres niveles de liderazgo forman parte de la evolución natural del conocimiento de un líder. Cuando más disfruté en mi carrera fue cuando conseguí llegar al liderazgo extendido en «T». Ya no eres más un experto en ningún área, ni debes conocer todas las respuestas, pero posees el suficiente nivel de conocimientos para realizar las preguntas idóneas, desafiar a los expertos de los departamentos de tu compañía y comprender los desafíos u oportunidades que están ocurriendo en otro tipo de mercados. Realizando preguntas relevantes, obtendrás respuestas relevantes. Por tanto, tu impacto e influencia en la sociedad se multiplicarán exponencialmente. En este nivel, te conviertes en un referente para gente incluso fuera de tu propio sector.

Gráfico 7.1. Los tres niveles del liderazgo

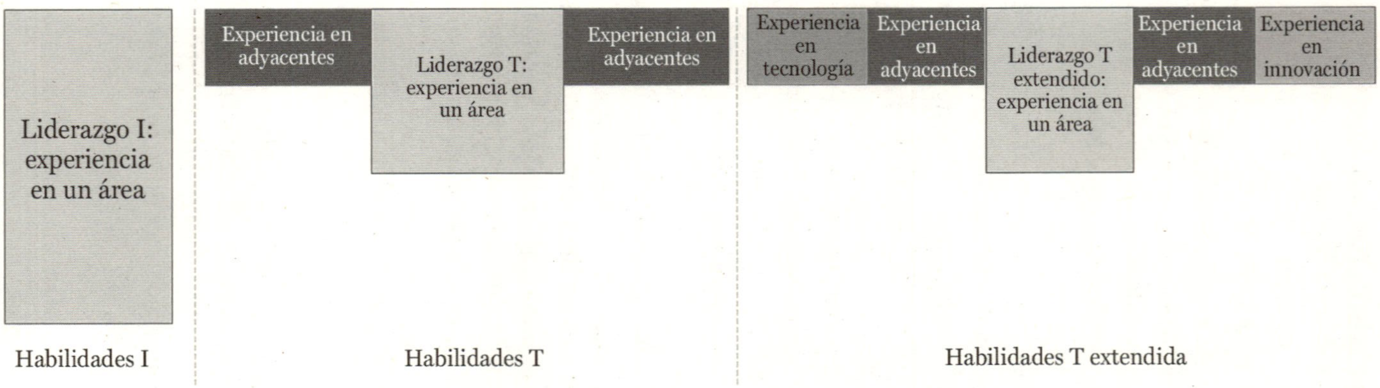

Fuente: Elaboración propia.

Ideas fuerza del capítulo 7: curiosidad: la necesidad insaciable de aprender, desaprender y reaprender

- **La curiosidad es para algunos la quinta C del liderazgo y uno de los componentes que más motivan a los empleados.** Eso supone la posibilidad de estar constantemente aprendiendo en un puesto de trabajo y poder experimentar. Está demostrado que aquellos trabajadores que pueden desarrollar esta habilidad se encuentran más comprometidos con la empresa y son más innovadores.
- **Las organizaciones de éxito serán aquellas que aprendan más rápido.** Para ello, como líder, debes instaurar una cultura que fomente aprender, desaprender y reaprender.
- Existen múltiples maneras de incentivar la curiosidad entre los profesionales, pero, en mi opinión, **la más importante es que las personas sientan pasión por lo que quieren aprender** y que vean que lo que aprenden tiene un impacto positivo en el propósito de la empresa y en la sociedad.
- **En el futuro, los líderes pasarán de un liderazgo en «I», a un liderazgo en «T» y, posteriormente, a un liderazgo extendido en «T».** Se trata de la evolución natural de los directivos, que, partiendo de un conocimiento profundo en una determinada área funcional, pasarán a conocer también departamentos adyacentes al suyo y, más tarde, incluso nuevos sectores económicos.

8

Desarrollo y atracción de talento

No se trata de lo bueno que seas, se trata de lo bueno que quieras llegar a ser.

PAUL ARDEN, publicista

En este capítulo compartiré mi experiencia desarrollando y atrayendo talento en cinco países durante más de veinte años. El rol del líder no supone conseguir el mayor número de seguidores, sino crear nuevos líderes, por eso es crucial el desarrollo de talento en las organizaciones.

Habrás percibido que he omitido hablar de retención de talento, y a continuación explicaré por qué. Cuando trabajaba en Argentina, una directora de Unidad de Negocio decidió abandonar la compañía. Era una persona muy válida y con alto potencial. Probablemente porque fui entrenado en que un buen líder debía retener a los mejores, y sabedor de que la principal razón de que alguien decida dejar voluntariamente una corporación suele tener que ver con la relación con el jefe, yo lo pasé mal con ese abandono y me afectó bastante. Enseguida te cuestionas qué podrías haber hecho diferente, qué porcentaje de responsabilidad tienes en su decisión e incluso si sigues siendo un buen líder.

Unas semanas después decidimos invitar a Carolina Borracchia a la reunión de nuestro comité de dirección. Autora del libro *Los jóvenes no sueñan con compañías*, Carolina nos presentó cuáles eran las motivaciones de los *millennials* y las generaciones posteriores. Presentó diversos estudios que afirmaban que trabajarán en al menos siete empresas a lo largo de su vida profesional. Que esto era algo que formaba parte de su manera de pensar, por lo que la movilidad laboral sería la normalidad en las generaciones futuras.

Fueron comentarios muy interesantes para comprender mejor a personas con estos perfiles y para analizar lo que deberíamos modificar en el futuro. Definitivamente, eso cambió mi forma de pensar. Aquellas reflexiones eran algo totalmente distinto a lo que, al menos a mí, se me había enseñado. Por ejemplo, la estabilidad profesional se fundamentaba en permanecer siempre en la misma empresa; eso es lo que en el mundo del fútbol, en Inglaterra, se denomina un «*one man club*», aquel jugador que toda su vida ha formado parte de un mismo equipo.

Por el contrario, en la actualidad, la estabilidad laboral gravita precisamente en la inestabilidad y el cambio. Se buscan perfiles que hayan trabajado en varios sectores, en distintos países y en diversas áreas funcionales. Este tipo de profesionales multidisciplinares son muchas veces los más demandados, y eso implica que las personas cambien varias veces de corporación para que, de alguna manera, mantengan su empleabilidad y puedan optar a nuevos desafíos profesionales. Como decíamos, la lealtad de la gente ya no es con las compañías, sino con su propio aprendizaje.

Ahora, para mí, que un profesional con potencial y buenos resultados se marche no es algo terrible. Por supuesto que no deseo que ningún buen directivo abandone mi equipo, pero he aprendido que puede ser algo normal, y ha dejado de afectarme. En la actualidad, el ciclo de vida de una persona en una empresa ya no se acaba cuando finaliza su relación laboral. En algún momento futuro, uno puede intentar recuperar a los buenos profesionales para su organización. Lo inteligente es mantener el cordón umbilical con los talentos que se marchan y monitorear su evolución profesional.

Esto es lo que hice, por ejemplo, con José María Pons, cuando yo trabajaba como director general de Novartis en España. En un determinado momento, y por diversas circunstancias, José María decidió buscar un reto fuera de Novartis. Durante años mantuve la relación con él; de hecho, me alegraba por su desarrollo profesional en otras compañías. Cuando se abrió una vacante en mi equipo que creí que encajaba con su perfil, no lo dudé ni un instante y lo contacté. Le expliqué el proyecto, lo que esperaba de él y el desarrollo que creía que podía tener en la organización, y decidió volver.

Regresó con una mayor experiencia, conociendo nuevas formas de hacer las cosas y con una motivación enorme por retornar a la que había sido su casa (en mi opinión, mejor preparado incluso que unos años atrás). En el mundo cinematográfico se dice que «las segundas partes nunca fueron buenas», pero, a nivel de talento, he aprendido que este modelo de «segundas partes» puede funcionar. En esta línea, en mi visita a la sede central de LinkedIn en San Francisco, nos presentaron el ciclo de vida de sus empleados y los diferentes momentos relevantes. Me sorprendió lo que denominan el «*next play*», que es la etapa en la que el trabajador abandonará la empresa. Para ellos, esta fase en la que el colaborador trabajará en otro lugar también requiere de atención y cuidado, por si en el futuro sus caminos se vuelven a cruzar.

Algunos *mentees* me preguntan por el riesgo de abandonar una compañía y no poder regresar. Sienten que todavía algunos líderes perciben como una deslealtad cuando alguien decide tomar una nueva trayectoria profesional. Si esto sucede en una empresa, es un indicador del tipo de liderazgo, de la cultura y de la madurez de sus directivos. En mi opinión, según lo expuesto anteriormente, no habría ningún problema.

Por lo tanto, la decisión por la que un empleado decide trabajar en otro lugar puede ser por distintos factores, y ya no necesariamente por el jefe, aunque éste juegue un papel predominante. Hay que entender si la persona está, como se dice en inglés, «*running from or running to*», es decir, escapando de un trabajo que no la satisfacía o yendo a una mejor oportunidad en otro lugar. Cuando alguien decide abandonar voluntariamente una empresa, lo importante es conocer las verdaderas razones que le han llevado a tomar esta difícil decisión, para aprender y, si es necesario, corregir cosas en el futuro.

8.1. Desarrollo de talento

Una de las responsabilidades del líder es hacer crecer a su equipo. Como decíamos, si ellos crecen, harán crecer a la empresa. El desarrollo de talento se debe efectuar de manera planificada y ordenada. La continuidad de las personas en sus puestos de trabajo es importante, aunque se debe equilibrar con movimientos que les impidan acomodarse en un determinado cargo o puesto por mucho tiempo.

Creo que es positivo, a cualquier nivel organizativo, que exista una renovación de profesionales para evitar caer en el conformismo, las ideas preconcebidas o la emocionalidad a la hora de tomar decisiones. En mi opinión, por ejemplo, un CEO de una empresa no debería permanecer más de ocho o diez años en su posición. Está comprobado que, cuanto más tiempo lleva un alto directivo en un cargo, más tardará en tomar decisiones difíciles.

En el desarrollo de personas, me gusta pensar en el enfoque que denomino de «dos movimientos»; es decir, un enfoque intenta entrever si un profesional posee no sólo el potencial para realizar su trabajo actual o para abordar la promoción que le estamos ofreciendo, sino también, en el futuro, para tomar un cargo de mayor responsabilidad. Con este planteamiento evitaremos el potencial bloqueo futuro de una posición y, sobre todo, haremos que los jóvenes talentos vean que existen oportunidades de desarrollo.

En este punto me gustaría compartir una experiencia que creo que puede ser interesante. Cuando estudié mi MBA, coincidí con gente brillante, mucho más inteligente que yo. Sin embargo, algunos de ellos empezaron a trabajar en empresas en las cuales existía una baja rotación, o bien sus líderes llevaban muchos años en el mismo cargo, por lo que existían mínimas oportunidades de crecer. Por ello creo que estos amigos, al no haber considerado este aspecto a la hora de elegir dónde trabajar, han perdido oportunidades de crecer o de promocionarse más rápidamente.

En mi empresa es todo lo contrario, y quizá a veces hay demasiados movimientos de personas o quienes desarrollan la misma función poco tiempo. Pero forma parte de la propuesta de valor desarrollar talento interno y ofrecer oportunidades de crecimiento. Ése es un lugar idóneo para personas que quieran estar permanentemente aprendiendo y a las que les gusten los cambios. Este enfoque, con sus ventajas e inconvenientes, es el que me ha permitido moverme sucesivas veces de país y posición.

Para desarrollar talento en las organizaciones es necesario diseñar estrategias y tener una mirada a largo plazo con las personas. También se necesita visualizar cómo será el mercado en los próximos años y las habilidades necesarias. No soy un experto, pero compartiré a continuación mis principales aprendizajes en esta área.

Desarrollo en vertical y horizontal

Durante años existía la concepción de que el desarrollo profesional podía ser únicamente en vertical, es decir, adquiriendo cargos de mayor responsabilidad. Evidentemente, con una promoción, las personas suelen crecer y aprender nuevas habilidades de forma rápida.

Sin embargo, este paradigma suponía un desafío enorme para las empresas pequeñas o medianas, ya que no disponen de muchos niveles organizativos o posiciones de liderazgo. ¿Cómo desarrollar el talento en este tipo de organizaciones?

Laura Linares, directora de recursos humanos en Novartis, me explicó la posibilidad de desarrollar talento «en horizontal», es decir, «*on the job*» ('en el trabajo'), o bien a través de movimientos laterales, sin la necesidad de promocionar siempre a la persona a otro puesto para desarrollarla.

El desarrollo en horizontal implica que, además de su trabajo habitual, un empleado pueda participar en proyectos o iniciativas transversales que le permitan desarrollar habilidades que lo preparen para futuras promociones, o bien, como decíamos, cambiar a una posición de similar responsabilidad, pero en otro departamento para adquirir nuevos conocimientos.

Cuando lideraba Novartis Oncology España, y al ser una organización de sólo unas doscientas personas, uno de los objetivos de implementar el modelo de organización ambidiestra era precisamente el de desarrollar a nuestra gente en su mismo puesto de trabajo.

Rodearte de los mejores

Una de mis clásicas preguntas a los altos directivos, la cual me enseñó Francisco Ballester, es la siguiente: «¿Cuántos jugadores como Messi, Iniesta o Sergio Ramos posees en tu equipo?». La respuesta, normalmente, resulta decepcionante. La gente afirma que aproximadamente sólo cuenta con un 20 o 30 por ciento de jugadores excepcionales.

Cuando escucho esta afirmación, ésta es mi respuesta: «¿Y a qué esperas?». Las contestaciones a mi pregunta son diversas, pero giran alrededor de que no se puede tener un equipo en el que todos sus miembros sean excelentes. Se argumenta esto por diferentes motivos, pero se afirma que es imposible. Yo opino que sí es factible y que se debe aspirar a ello, aunque no sea fácil. En mis equipos, al cabo de aproximadamente dos años, siempre consigo rodearme de excepcionales profesionales que, para mí, y sin duda, son los mejores.

Una de las frases más famosas de Steve Jobs es la siguiente: «*A-players hire A-players; B-players hire C-players*» ('Los jugadores A contratan jugadores A, los jugadores B contratan jugadores C'). A la gente excepcional no le da miedo contratar a gente mejor que ellos; no ocurre lo mismo con los directivos corrientes. Según mi experiencia, por un lado, esos directivos corrientes no poseen la habilidad de detectar el mejor talento y, por otro lado, cuando lo tienen delante, lo perciben como una amenaza para sus puestos de trabajo o como una incomodidad a la hora de liderar, ya que suelen ser gente curiosa y desafiante, por lo que generalmente los acaban descartando.

Si eres capaz de formar un equipo con los mejores profesionales, comprobarás que el nivel del grupo aumentará. Por un lado, querrán siempre destacar sobre sus competidores, y esto los hará crecer. Por otro, una cierta competencia sana entre sus miembros bien gestionada agrandará todavía más su anhelo por mejorar y, por tanto, los hará mejores. Cuando trabajé como *product manager junior* de un producto para tratar el colesterol, junto con mi entonces jefa Margarita Morais, siempre queríamos superar los objetivos de ventas, ser una referencia para los clientes y hacerlo no sólo mejor que nuestros competidores, sino también, y siendo muy sincero (con poca mirada global en aquel momento), que los otros equipos de marketing de la compañía. Esa doble combinación de querer desarrollar nuestra mejor versión y ser los mejores tanto externa como internamente fue, sin duda, una de las claves del éxito.

Rodearte de los mejores posee innumerables ventajas:

- **Tú eres el reflejo de tu equipo**. Contar con los mejores te hará a ti mejor y te beneficiará en tu carrera para conseguir mejores resultados que con un equipo medio.
- **Centrarte en lo que aporta más valor**. Trabajar con gente extraordinaria me ha permitido enfocarme en temas que realmente crean valor. Te permite delegar más. El fundador de Apple siempre decía que «no tiene sentido contratar gente inteligente para luego decirle qué es lo que tiene que hacer».
- **El talento atrae al talento**. Las personas extraordinarias quieren trabajar con gente extraordinaria. Construye un equipo de grandes profesionales y verás que inmediatamente esto actúa como un imán de individuos brillantes que querrán ser parte de él.

- **Tu calidad de vida aumentará considerablemente**. Muchas veces observo a directores de departamento trabajando a altas horas de la noche en la oficina. Cuando les pregunto qué los ocupa hasta tan tarde, a menudo me dicen que están revisando algo que alguien de su equipo ha ejecutado. Por alguna razón (falta de confianza y otros motivos) acaban realizando la tarea de otros, por lo que, además de su trabajo, realizan el de alguien más. Eso es insostenible. Con un gran equipo dormirás más y mejor, al estar convencido de que hacen las cosas incluso mejor que tú.

Asumir riesgos

Para acelerar el desarrollo de un grupo seleccionado de personas con alto potencial —los denominados *high potentials* o *high flyers*—, uno debe asumir algún riesgo; por ejemplo, el de ofrecerles posiciones para las que todavía teóricamente no estarían preparados, pero que, por su potencial, podrían desempeñar si son capaces de aprender rápidamente. Sería asignarles cargos que estarían dos niveles por encima de aquel en el que se encuentran actualmente en el organigrama. Si lo gestionan con éxito, será la cantera de los futuros líderes de tu organización.

Existen empresas que no desean acelerar el desarrollo de algunos de sus empleados. Están más cómodas siguiendo la carrera profesional tradicional y los pasos que históricamente habían funcionado para los actuales ejecutivos, para reducir así su nivel de riesgo y evitar tener que manejar excepciones, como sucede con los *high flyers*. Reconozco que gestionar este tipo de perfiles no es fácil; aproximadamente a los dos años pedirán un próximo paso de carrera, pues son exigentes con lo que esperan de la empresa y tienen expectativas altas de remuneración, y ello genera a veces alguna incomodidad con sus pares. Sin embargo, bien dirigidas y con un plan de carrera, estas personas son las que pueden llevar a la organización al siguiente nivel, las que generarán nuevas oportunidades de negocio o abrirán nuevos mercados. Los grandes líderes no dudan en cultivar en sus organizaciones este tipo de perfiles.

También hay que asumir riesgos asignando a tus mejores empleados donde tienes las grandes oportunidades, no los grandes problemas. Se debe colocar a estos profesionales donde la compañía posee las mayores oportunidades de crecimiento, donde verdaderamente se pueden marcar las diferencias o lograr la disrupción de un mercado. Esto está ligado a lo que comentamos sobre la estrategia de «*play to win*» ('jugar a ganar') o con el «*play not to lose*» ('jugar a no perder'), y lo mismo sucede en el desarrollo de talento. Si queremos un crecimiento acelerado de ciertos individuos con el fin de que estén preparados a corto plazo para asumir puestos de responsabilidad, necesitaremos arriesgarnos en sus planes de desarrollo. Según mi experiencia, si se escogen las personas adecuadas, en la mayoría de los casos estos planes suelen ser un éxito.

Planes de sucesión

Para el desarrollo de talento, una de las herramientas que utilizan casi todas las compañías son los famosos «planes de sucesión». Se trata de identificar los cargos clave o de máxima creación de valor, y los individuos que podrían suceder a los actuales directivos. Normalmente estos planes poseen un horizonte temporal, con profesionales que estarían preparados ahora para asumir un próximo rol, los que lo estarían en uno o dos años y, en un tercer escalón, los que estarían listos en entre tres y cinco años.

Los individuos que aparecen en estos planes deben disponer de planes de desarrollo personalizados que les permitan aprender las habilidades necesarias para poder ser promocionados en el futuro.

Sin embargo, con base en mi experiencia, puedo decir que estos planes son generalmente poco útiles. Se invierte mucho tiempo en la preparación de los documentos para presentar a los candidatos, y se programan multitud de reuniones para discutir sus perfiles, sus fortalezas y áreas de mejora. Pero, cuando existe una vacante, la realidad es que pocas veces se mira el plan de sucesión acordado y se nombra al candidato que estaba mejor posicionado en la lista. El directivo que debe contratar suele disponer de su lista propia de candidatos, o bien pensará quién, interna o externamente, puede ser el más idóneo para cubrir esa vacante en ese momento.

Además, y a pesar de tener planes de desarrollo y sucesión robustos, muchas empresas acaban contratando personas externas para cargos de alta responsabilidad. Esto es positivo, pues aumenta la diversidad y asegura la incorporación de nuevas formas de pensar, pero también evidencia que la estrategia de talento o los planes no eran tan sólidos como parecían. Creo que una proporción de un 75 por ciento de contrataciones internas y un 25 por ciento de externas es positiva para las organizaciones. Y creo que un porcentaje más alto de ese 25 por ciento sería un indicador de que hay margen de mejora en la gestión de los recursos humanos.

La pregunta, por tanto, es por qué no acaban de funcionar los planes de sucesión. Seguro que los expertos darán múltiples respuestas, pero aquí os dejo las tres que considero más relevantes:

A. Síndrome de la patata caliente

Este concepto se lo debo a César Concepción, que fue mi jefe durante algunos años en España. Su mirada, con la que coincido, es que muchas veces los ejecutivos evitan tomar una decisión difícil con una persona o dar un *feedback* honesto sobre su verdadero potencial dentro la organización. Por el contrario, lo que intentan es «pasar la patata caliente» a otro directivo. Es decir, tratan de cambiar a este profesional a otro departamento, para evitar así el problema de tener que gestionar a un individuo que no se encuentra a la altura de lo esperado.

B. Falta de confianza

En la discusión de los planes de sucesión puede existir falta de confianza entre los miembros del equipo. Esto implica que, al escuchar las opiniones de otros sobre determinadas personas, se tengan dudas sobre la veracidad o exactitud de estos comentarios. La tendencia natural es intentar conseguir que los miembros de tu equipo dispongan de buenas oportunidades de carrera, por lo que se llegan a exagerar las fortalezas o a no visibilizar las áreas de mejora. Con el paso del tiempo, es cierto que puedes perder cierta objetividad con tus empleados. Se crea una conexión emocional que, por un lado, es positiva, pero que, por otro lado, te puede llevar a no ser neutral u objetivo en tu valoración. Si queremos que estos planes cumplan su función, debemos ser transparentes y honestos en nuestra evaluación.

No existe el candidato perfecto, y todos poseemos nuestras fortalezas y áreas de oportunidad. Recuerdo un caso en el que le pregunté a una persona de recursos humanos su valoración sobre dos directores generales con los que había trabajado y que yo había entrevistado para una vacante que tenía. Me explicó las fortalezas y áreas de mejora de un candidato, pero me sorprendió que del otro profesional, también un experimentado directivo, sólo me dijera sus debilidades y ninguna habilidad positiva. Reconozco que en ese momento perdió mi credibilidad.

Además, hay que tener en cuenta que los planes de sucesión son competitivos. Puede existir un candidato que posea el perfil adecuado para un determinado cargo, pero que exista otro incluso mejor, y esto genera tensión en los equipos de liderazgo.

Uno de los beneficios del modelo ambidiestro que implementamos en España era precisamente el enriquecer nuestras discusiones de talento y mejorar nuestros planes de sucesión. El *feedback* sobre un profesional lo suele proporcionar el jefe directo, con una escasa aportación de otros directivos, pues estos últimos no tienen las suficientes interacciones con esa persona. Por ello, en cada célula asignamos un *sponsor* del equipo de liderazgo para que, además de dinamizar el proyecto asignado, tuviera la oportunidad de observar trabajando empleados distintos a los de su departamento. Esto nos permitió engrandecer con más opiniones (además de las del *manager* y de recursos humanos) la discusión de nuestros planes de sucesión.

C. Diferentes expectativas

Es clave alinear las **competencias** y requisitos para cada posición que se discuta. El desencuentro en los comités de dirección sucede a menudo por no compartir los criterios necesarios para desarrollar una determinada función. Los requerimientos o la experiencia para, por ejemplo, nombrar a un director de marketing pueden ser distintos según el ejecutivo al que le preguntes.

Aunque se alineen los perfiles y las competencias necesarias, luego también existe la subjetividad. Según mi experiencia, lo que ocurre es que valoramos de forma distinta las distintas competencias. Por ejemplo, para mí, la excelencia en innovación y liderazgo son capacidades imprescindibles para promocionar una persona, mientras que otro directivo puede anteponer la obtención de resultados a la innovación, para el mismo perfil. Probablemente los dos enfoques puedan ser correctos, pero esto dificulta que exista alineación y que, posteriormente, los planes de sucesión sean verdaderamente útiles.

Experiencia internacional

La mayoría de las multinacionales exigen a los empleados que quieran aspirar a puestos de alta dirección que hayan trabajado durante su carrera en otro país u otros países. He tenido la suerte de vivir en cinco países (España, Italia, Estados Unidos, Argentina y Suiza), y diría que es la mejor experiencia que puedes disfrutar en la vida. Conocer otras culturas y formas de pensar, viajar a otros lugares, trabajar en un nuevo mercado..., todo ello supone, sin duda, una gran oportunidad.

El crecimiento personal y el profesional se encuentran entrelazados; es por esta razón por la que las empresas buscan este tipo de perfiles. Personas que hayan gestionado con éxito esta doble complejidad. Por un lado, la personal, la de vivir en otro país y en una cultura diferente a la propia y, por otro lado, la profesional, la de trabajar en un mercado totalmente diferente. Esta experiencia acelera tu crecimiento, tanto personal como profesional. Este tipo de directivos serán los que probablemente mejor se adapten a futuros cambios, construyan equipos más diversos y, por tanto, obtengan resultados excepcionales.

En mi caso, esta interacción con otras culturas y maneras de trabajar me ha abierto a nuevas formas de pensar. Por ejemplo, me ha ayudado a entender que hay muchas formas de hacer bien las cosas, y me ha permitido ser más tolerante, conocerme mejor, escuchar más... En definitiva, creo que mi experiencia internacional me ha ayudado a ser mejor líder, pero, sobre todo, mejor persona.

Cuando estás en el extranjero, no todo son momentos dulces ni fáciles. En ocasiones te enfrentas con situaciones duras, sobre todo por estar lejos de tu familia o amigos. Me acuerdo de pasear un domingo por la tarde por la ciudad de San Luis (Misuri), ya que tenía una reunión el lunes a primera hora, y encontrarme completamente solo, sin nada que hacer, lejos de mis seres queridos, y pensar: «¿Qué hago yo aquí?, ¿por qué no regreso inmediatamente a España?». Recuerdo también mi tristeza mientras esperaba la salida de mi vuelo a Nueva York, en el aeropuerto de Madrid, después de pasar las Navidades en mi casa de Valencia. Aun estando muy feliz allí, siempre sentía añoranza cuando me marchaba. Me acordaba mucho de la canción de Frank Sinatra *New York, New York*, que dice: «If I can make it here, I can make it anywhere». Eso era lo mismo que pensaba yo, si podía tener éxito en Estados Unidos, lo podría lograr en cualquier lugar del mundo, pero a veces era duro.

Durante mi estancia en Estados Unidos, un mercado ultracompetitivo y exigente, sufrí mucho al principio para entender las reglas no escritas de la denominada «*corporate America*», el mundo de las empresas de ese país. Por ejemplo, tardé en acostumbrarme a comer un sándwich en diez minutos delante del ordenador. O a sólo comentar temas superfluos con mis compañeros de trabajo.

Cuando recuerdas en perspectiva todos estos momentos, ves que forman parte del aprendizaje cuando vives fuera de tu país natal. Estas situaciones no tan agradables se compensan con miles de experiencias positivas, lugares que nunca habrías visitado de otra forma o gente y culturas nuevas que no habrías conocido.

Soy consciente de que, por temas personales, este reto no todos lo pueden experimentar, pero te animaría (si puedes) a trabajar alguna vez en un contexto internacional. Podrás cambiar luego de compañía, perder el trabajo..., pero esta experiencia ya nunca nadie te la podrá quitar.

Para mí, esa experiencia no habría sido posible sin el apoyo de mi esposa, que sacrificó su desarrollo profesional por seguirme y, en la mayoría de las ocasiones, por mis viajes y mi trabajo, se ocupó más de nuestros hijos. En triatlón siempre dicen que junto a un *ironman* se encuentra siempre una *steelwoman* (o viceversa, junto a una *ironwoman* está un *steelman*), y ése fue mi caso. A aquellas parejas en las que los dos trabajan y aspiran a cargos importantes, lo que se denomina la «*dual career*», les resulta complicado gestionar el equilibrio personal y profesional. Cambiar de país, educar a los hijos, adaptarse al nuevo entorno..., todo ello requiere a menudo de alguien «a tiempo completo». Me parecen admirables aquellas parejas que lo consiguen, porque supone un esfuerzo extra para los dos, y también para los hijos, ya que no suelen ver a sus padres tanto como les gustaría. Sin embargo, en el futuro, esto no debería ser la excepción, ya que, según mi experiencia, uno de los dos acaba renunciando a su carrera profesional, y creo que deberíamos contar con más mecanismos para poder conciliar las dos carreras al mismo tiempo.

Uno de mis mayores aprendizajes trabajando en Argentina, y después en los países de Europa Central y del Este, fue el de descubrir grandes talentos en estos países pequeños y medianos. Hasta entonces, creía que los mejores profesionales se encontraban en los países más desarrollados. Nada más lejos de la realidad. Es cierto que en los países grandes existen profesionales excelentes, pero subestimé el calibre de los líderes que puedes hallar en otro tipo de mercados. En organizaciones de tamaño medio, las personas, por ejemplo, suelen trabajar en mayor colaboración con otros departamentos, y así, al disponer de menos recursos, pueden ser más innovadoras. El mundo necesita el talento de este tipo de países. Desde entonces, he importado profesionales desde estas geografías a los mercados en los que he trabajado.

Para finalizar esta parte de desarrollo de talento, diré que me encantó la frase que posteó el autor y psicólogo organizacional Adam Grant: «Los malos directivos mantienen a su gente siempre en sus puestos; los buenos líderes ofrecen a sus empleados oportunidades de crecimiento; los grandes líderes animan a sus equipos a crecer y desarrollarse, aunque para conseguirlo sea en otra empresa».

8.2. Atracción de talento

Mucho se ha escrito sobre la «guerra por el talento» entre las corporaciones. Refleja lo difícil que es atraer a los mejores y la gran competencia que existe. Por ello es clave definir una estrategia para captar talento y estar siempre buscando proactivamente nuevos perfiles. La mayoría de los directivos sólo buscan empleados cuando poseen alguna vacante. Los mejores líderes se encuentran permanentemente explorando e interaccionando con potenciales sucesores. Existe un matiz importante entre cuando un directivo se encuentra entrevistando y cuando está simplemente conociendo nuevos profesionales. En el primer caso, tu objetivo es ocupar un puesto vacante; en el segundo, es identificar a los mejores para el futuro.

El objetivo es que, cuando se abra una nueva posición, se pueda tener inmediatamente identificada a la persona que la puede ocupar. Realizarlo de esta manera no sólo ahorra costes, sino que garantiza una cierta continuidad y un efectivo período de traspaso. Personalmente dedico un 10 por ciento de mi tiempo a detectar e interaccionar con talentos, tanto de dentro de mi sector como en otros tipos de actividad económica.

Para ello es clave poseer una red de contactos extensa y diversa, que hay que cultivar y expandir permanentemente. Existen muchas formas de ampliar esta red para conseguir identificar potenciales candidatos. En mi caso, pertenezco a varias asociaciones dentro y fuera del sector farmacéutico, lo cual, entre otras cosas, me ayuda a conocer profesionales de otras empresas. Existen también multitud de eventos interesantes y congresos a los que puedes asistir para conocer nuevos directivos. Impartir clases en escuelas de negocios también me resulta útil para descubrir jóvenes talentos. Lo mismo sucede cuando interactúo con *start-ups*, que poseen un perfil de gente emprendedora que me apasiona.

Se dice: «Rodéate de gente interesante y te harán interesante». Por ello, la red de amigos y amigos de amigos es siempre una buena fuente de reclutamiento. Una buena práctica que se da en muchas firmas es reconocer económicamente a aquellos empleados que presentan candidatos si finalmente son contratados.

Como habrás observado, existen múltiples opciones para desarrollar tu red, pero lo más importante es que sea una prioridad en la agenda y que se le dedique tiempo.

Existen tres variables críticas a la hora de atraer talento, sobre todo para puestos directivos de alta responsabilidad: el líder, la reputación de la empresa y la propuesta de valor. Veámoslas...

El líder

Los profesionales eligen al directivo con el que quieren trabajar. Recuerdo una conversación con Jesús Corredor, que trabajó durante muchos años en Novartis, en la que me comentó que, cuando le comunicaban que era el candidato elegido en algún proceso de selección interno, él decidía después si quería trabajar o no para ese líder. Su decisión se basaría en lo observado durante el proceso de entrevistas y en el *feedback* que recibiera sobre ese ejecutivo en concreto por otros colegas. Por tanto, la reputación y la marca personal del líder son claves.

Las redes sociales han aumentado considerablemente la visibilidad externa de todos los directivos. Debes definir estratégicamente tu posicionamiento, tu marca personal y tus valores. Si la gente se identifica con ellos, te será más fácil atraer talento.

Personalmente utilizo LinkedIn como herramienta, pero no

sólo para compartir las iniciativas más relevantes que realizamos en Novartis, sino para que la gente conozca el tipo de líder que soy y mis valores. No se trata de gustar a todo el mundo, pero sí de tener un liderazgo y una marca que sean reconocibles. Así, una vez definido un determinado posicionamiento del líder, serán los potenciales candidatos quienes decidan para quién quieren trabajar.

La reputación de la empresa

Por distintas razones, como las descritas anteriormente, la reputación corporativa debe ser impecable. No creo que un gran profesional se cambie a otra compañía de dudosa reputación.

Actualmente existen muchos rankings de empresas que valoran la reputación y los beneficios que ofrecen a sus empleados, como el que realiza Great Place to Work. Creo que son una buena herramienta para ayudarte a tomar una decisión, en caso de que pretendas cambiar de corporación.

La propuesta de valor

La propuesta de valor debe ser lo suficientemente atractiva como para que la gente quiera cambiar de organización, más allá de la compensación económica, algo que, por cierto, para la mayoría de los *millennials* y las generaciones posteriores ha dejado de ser lo más importante. Los jóvenes están dispuestos a renunciar a un salario mayor por trabajar en un lugar que disponga de un propósito desafiante e inspirador. Curiosamente, cuando realizo entrevistas de trabajo, la pregunta que suelo recibir no es sobre el sueldo o la política retributiva, como ocurría en el pasado, sino sobre cuál es la flexibilidad para teletrabajar algunos días o sobre los horarios. La propuesta de valor abarca también los beneficios sociales (por ejemplo, plan de pensiones, ayuda para la guardería...) y lo que denominaría intangibles de una empresa, como su misión o prestigio.

Un aspecto importante a considerar, sobre todo entre los jóvenes, son los planes de carrera que ofrece: si son lugares en los que puedes aprender y crecer, si se caracterizan por desarrollar el talento interno o si, por el contrario, son poco dinámicos o prefieren contratar profesionales de otras empresas.

Anticipo un menor apetito de los jóvenes por liderar equipos o tomar cargos de responsabilidad, por viajar a causa de motivos laborales o trabajar tantas horas como los de la generación X (aproximadamente, nacidos entre 1965 y 1980), ya que priorizarán el equilibrio personal y profesional. Sin duda, esto supone un reto enorme para las compañías y los líderes actuales, ya que necesitaremos inspirarlos para que entiendan lo gratificante que puede ser el liderazgo y los desafíos que pueden afrontar y lograr, pudiendo compatibilizarlo con llevar una vida equilibrada. Estos intangibles (propósito, trascendencia, legado...) deberán estar incluidos en la propuesta de valor.

Personalmente, es cierto que he realizado ciertos sacrificios para llegar hasta el cargo que ostento actualmente, como, por ejemplo: dejar mi ciudad natal, Valencia —que, según el artículo de Laura Begley «The world's 20 best cities to live, according to expats»,[5] publicado en *Forbes*, es la tercera mejor ciudad del mundo para vivir—; trabajar probablemente más horas que otros; viajar casi todas las semanas; tener que cambiar varias veces de colegio a mis hijos —con el temor a que no se adaptaran al nuevo entorno—, y que mi esposa dejara su trabajo para acompañarme. Sin embargo, estoy convencido de que estos esfuerzos me han hecho crecer, y también a mi familia, y que han valido la pena por el impacto que he generado en otros y en la empresa.

Como reflexión final de este capítulo, quería compartir la analogía de la botella de agua, que quizá algunos conozcáis y que he tenido siempre presente en mi carrera profesional. Una botella de agua se vende por un precio determinado en los supermercados, pero, si compras esa misma botella en, por ejemplo, un

5. Véase: <https://www.forbes.com/sites/laurabegleybloom/2023/11/19/ranked-the-worlds-20-best-cities-to-live-according-to-expats/?sh=239862984346>.

restaurante, el precio será mayor. Si la adquieres en un hotel, será todavía más cara. Y, más allá, si la compras, por ejemplo, en la discoteca Pachá de Ibiza, su precio será incluso mayor. La misma botella de agua, dependiendo del contexto, posee un valor totalmente distinto.

Las compañías que mejor talento atraen son aquellas que valoran sinceramente el esfuerzo, la contribución y el impacto de sus empleados. Una de las peores cosas en el mundo laboral es que no te reconozcan tu trabajo o que no te sientas valorado. Sugiero formar parte de organizaciones en las que verdaderamente se valore la dedicación que realizas y tu creación de valor. Si esto no sucede y no estás contento, no dudes en cambiar. Si no cambias tu futuro, no vale quejarte. Como dijo William E. Henley en su poema «Invictus», muy popular porque Nelson Mandela lo tuvo en su celda durante su cautiverio: «Somos dueños de nuestro destino, somos capitanes de nuestra alma».

Ideas fuerza del capítulo 8: Desarrollo y atracción de talento

- **La retención de talento será algo de lo que ya no se hablará en los próximos años**. Especialmente, los *millennials* y las generaciones posteriores aspirarán a trabajar en varias compañías a lo largo de su carrera laboral. Por ello, lo importante no será tanto la retención de los mejores profesionales, sino cómo mantener el vínculo con ellos para que en algún momento puedan volver a la empresa.
- **La función principal de un líder es crear nuevos líderes, no seguidores**. Para ello, en el liderazgo es crítico el desarrollo del talento. Existen multitud de estrategias para desarrollarlo, pero la clave es que para el directivo sea una prioridad en la agenda. Rodéate siempre de los mejores, porque el talento atrae al talento.
- **La experiencia internacional de un ejecutivo se ha convertido en uno de los aceleradores más importantes en la carrera profesional**. Posee innumerables beneficios,

tanto desde un punto de vista profesional como personal, y es algo que recomiendo fervientemente.

- **Para atraer el mejor talento es necesario gozar de una propuesta de valor atractiva y motivadora**. Va más allá de la oferta económica, y debe contar con un propósito inspirador, una reputación intachable de la compañía y una marca personal del directivo que contrata que sea acorde con el talento y los valores que quieras atraer a tu organización.

9

Equilibrio de la vida profesional y personal

Valorad todo lo que tenéis, nunca sabes cuándo llega tu momento.

TITO VILANOVA, futbolista y entrenador del F. C. Barcelona en la temporada 2012-2013

Los directivos, a menudo, son juzgados únicamente desde la perspectiva visible, no la invisible. La primera y más superficial se centra en el reconocimiento, el estatus social y la prosperidad que pueden obtener como ejecutivos exitosos, aunque no todos lo logran. Sin embargo, existe la cara invisible, la profunda, la que recoge los sacrificios, la responsabilidad, el estrés o la presión que llevan asociados este tipo de trabajos.

El famoso cardiólogo español Valentín Fuster opina que «nunca es demasiado tarde para empezar a cuidarse, ni demasiado pronto». La causa de muerte más frecuente en el mundo son las enfermedades cardiovasculares. Probablemente muchos de nosotros, por el ritmo de vida que llevamos, suframos un ataque al corazón o un ictus. La mayoría de estas enfermedades están originadas por el mal control de ciertos factores de riesgo, como la hipertensión, el colesterol o la diabetes. En todas las guías médicas de práctica clínica, la primera acción para tratarlas es el cambio en los hábitos de vida: llevar una dieta equilibrada, respetar los espacios de sueño y hacer ejercicio varios días a la semana. Reconozco que en los puestos altos de dirección, con muchas reuniones, viajes o comidas de trabajo, es algo difícil de conseguir. A continuación, según mi experiencia, expondré buenos hábitos para llevar una vida saludable.

Para ser un buen líder es imprescindible disponer de un buen equilibrio entre tu vida personal y profesional. No conozco ningún directivo de éxito que no disponga de una vida equilibrada. Si necesitas dar energía a tu equipo, debes disponer de las baterías cargadas, y para eso hay que cuidarse. Hay muchos estudios que demuestran que una alimentación sana no sólo produce una mayor esperanza de vida y un menor riesgo de enfermedades, sino también un bienestar mental y físico. Esto se traduce en que somos más productivos, innovadores y, curiosamente, hasta más felices.

Un ejecutivo podría estar siempre trabajando. Mi amigo José Carlos Martí, *product technical leader* en Valeo, me dijo hace años: «José, no te olvides nunca de que el trabajo es infinito». Una gran reflexión que me ha ayudado mucho a lo largo de mi vida.

Algunas veces, los líderes, quizá por la posición que ostentamos en las empresas, nos creemos superhombres o supermujeres. Pensamos que ya no necesitamos dormir ocho horas al día, que es irrelevante la dieta que llevemos o realizar algún tipo de deporte. Nada más lejos de la realidad.

Uno de los grupos de música españoles más famosos es Hombres G, en activo desde 1981. En su canción titulada *Chico, tienes que cuidarte*, aparece una estrofa que dice: «Chico, tienes que cuidarte, ¿cuánto crees que durarás así?, ¿cuánto crees que tu organismo podrá resistir?». Efectivamente, tu cuerpo no es una máquina perfecta, y tiene un límite. Lo debemos mantener bien para que pueda funcionar a pleno rendimiento, y, con el paso de los años, todavía más.

Quizá conozcas el cuento del hombre al que le pidieron serrar mil árboles en un día. El sujeto empezó a cortarlos, uno tras otro, lo más rápidamente que podía. Llegó un momento en que el hacha que utilizaba empezó a no estar tan afilada, y cada vez le costaba más cortar los árboles. En cierto momento se acercó una persona y le preguntó: «¿Por qué no paras un rato para afilar el hacha?». El hombre respondió que no tenía tiempo para detenerse. Esto es lo que nos pasa a todos muchas veces, que creemos que no disponemos de tiempo para parar y «afilar nuestra hacha». Esta hiperactividad, muchas veces mal gestionada, produce el síndrome de desgaste profesional, el llamado *burnout*, algo que les ha ocurrido a muchos directivos.

No sólo estamos hablando de lo importante que es cuidar tu salud física, sino también del concepto de «salud ampliada» que ya hemos visto anteriormente (en el capítulo 6, principalmente): cuidar tu salud emocional, mental, química y cognitiva, para que te encuentres siempre en perfectas condiciones, puedas desarrollar tu máximo potencial y conseguir que otros también lo hagan, y también actuar para prevenir trastornos o pérdidas de energía. En el futuro, la responsabilidad del líder irá más allá del desarrollo profesional de sus empleados, también abarcará velar por su salud ampliada.

Desde pequeño, siempre había practicado bastante deporte, y jugué muchos años en el equipo de baloncesto de mi colegio, Escuelas Pías de Valencia. Sin embargo, cuando empecé a estudiar en la Facultad de Farmacia en 1993, y luego también durante el MBA, reconozco que abandoné esa práctica. Después, en 2005, cuando me mudé a vivir a Estados Unidos, pesaba 15 kilogramos más que ahora. Allí, yo paseaba a menudo por el maravilloso Central Park, y me llamaba la atención la cantidad de gente que corría alrededor del parque. Todos los años, en el primer fin de semana de noviembre, se corre la maratón de Nueva York, probablemente la mejor del mundo. En mi primer año allí, me acerqué ese domingo a la Primera Avenida para ver pasar a los corredores; el ambiente era espectacular, con la gente animando, las bandas de música en las calles..., y reconozco que sentí algo de envidia.

Volví a casa, y, luego, al ir a dormir, reflexioné en la cama sobre lo que había vivido ese día, y decidí que era hora de volver a cuidarme, de practicar deporte (cosa que siempre me había gustado) y de estar en forma. Empecé apuntándome a un gimnasio muy cercano a donde vivía. El primer día me reuní con uno de los entrenadores para que estableciera un plan de entrenamiento personalizado para mí. Recuerdo que me preguntó cuáles eran mis objetivos y cuántos días por semana pensaba acudir al centro. Le respondí que mi meta era perder peso, estar bien físicamente y empezar a correr, y que quizá incluso en el futuro me gustaría completar la maratón de Nueva York. En referencia al número de días, le respondí que lo desconocía, porque tenía siempre mucho trabajo. Su respuesta, que aún recuerdo, fue: «En la vida tendrás siempre tiempo para lo que quieras. Si para ti es una prioridad, seguro que encontrarás el tiempo».

Tenía toda la razón... Para lo que consideras importante, siempre hallas el tiempo; para lo demás, dirás que no puedes o tendrás millones de excusas. Por tanto, es crucial conocer cuáles son tus prioridades, y el ejercicio físico debería ser una de ellas, para a partir de ahí organizar tu agenda. Cuidarse debe ser una prioridad, por ti y por los tuyos.

Desde 2005 he conseguido practicar regularmente (cinco o seis días por semana) ejercicio físico, y me siento mucho mejor. Me ayuda a desconectar, a liberar toxinas y tensión. Me sirve para pensar, y es curiosamente entonces cuando se me ocurren las mejores ideas. Lo considero una prioridad en mi agenda, y el tiempo que le dedico es innegociable. Mi secretaria sabe que el espacio que tengo bloqueado para practicar deporte no se puede modificar, a no ser que sea algo extremadamente urgente.

Para los altos ejecutivos, llevar una vida equilibrada requiere ser disciplinados y muy organizados. Cada domingo miro la agenda de la semana próxima con el fin de reservar algunos espacios para practicar deporte. Algunas veces lo practico pronto por la mañana; otras veces, a mediodía, o bien al finalizar la jornada laboral. Depende de cada semana y de en qué lugar del mundo me encuentre. Por ejemplo, si tengo una reunión a las 8.00, ese día no practicaré deporte por la mañana, pues me tendría que levantar a las 5.30, pero entonces lo planificaré al finalizar el día. Cuando llega la hora del ejercicio, dejo de lado absolutamente todo lo que esté haciendo. No se me ocurre realizar una última llamada, o reunirme brevemente con alguien, porque el riesgo de que se alargue y luego no pueda ir es muy alto.

Una práctica que realizo, y que quizá ayude al lector, es la de bloquear mi calendario hasta las 10.00 de la mañana y después de las 17.00. Lo hace mi secretaria, por varias razones, pero la principal es que así puedo confiar en que se acomodan los imprevistos que suceden cada semana. Si no lo hiciera así, cuando de repente surgiera algo urgente, lo tendría que atender a alguna hora intempestiva, o bien tendría que sacrificar el tiempo que he bloqueado para hacer deporte o estar con mi familia.

Siempre existirá un e-mail por responder o un documento que leer. Priorizar tu salud es algo que sólo depende de ti. Si tú no te cuidas, nadie lo hará por ti. Para conseguirlo debes ser extraordinariamente productivo (en línea con lo explicado anteriormente respecto al aprendizaje) y no perder nunca el tiempo con temas que aporten poco valor.

Sin embargo, tampoco hay que ir al extremo opuesto. Ahora que el *running* está de moda, observo que muchos ejecutivos intentan correr maratones y medias maratones sin demasiado entrenamiento previo, aspirando a conseguir marcas que prácticamente están a la altura de los profesionales. Parece que llevan la competitividad profesional a un ámbito de la vida en el que no es necesaria. En vez de practicar deporte para disfrutar y por salud, lo convierten en algo para mostrar o presumir. Cometer excesos de este tipo sólo por obtener algunos *likes* en Instagram o LinkedIn no tiene ningún sentido, por el riesgo que supone. Para practicar deporte o plantearte un desafío, sugiero ponerte en manos de un profesional que te diseñe un plan de entrenamiento personalizado, adaptado a tus condiciones físicas y a tu ritmo de vida.

Una investigación que me sorprendió fue la de Brian Spisak, de la Universidad Libre de Ámsterdam (la VU Amsterdam), que se publicó en la revista *Frontiers in Human Neuroscience*. De ella se hizo eco David Burkus en su artículo «For leaders, looking healthy matters more than looking smart». En su opinión, poseer una apariencia física saludable, e incluso ser elegante o guapo, ayuda a mejorar tu percepción como líder. De hecho, muchos altos directivos son normalmente elegantes, de alta estatura y buena presencia. Personalmente, no comparto su visión, pero quizá pueda ser una realidad en empresas donde los temas de diversidad e inclusión no se encuentren tan arraigados, que desgraciadamente suelen ser muchas.

En una charla, Amparo Moraleda, que fue directora general de IBM en España, explicó que normalmente se marchaba pronto de la oficina para ver a sus hijos antes de acostarse y que, luego, después de cenar, se volvía a conectar para leer los e-mails. Este tipo de decisiones para equilibrar tu vida requieren de flexibilidad y adaptabilidad, pero son claves para llevar una vida equilibrada. Hace unos años no era fácil, pero actualmente, con el trabajo híbrido y las nuevas tecnologías, es perfectamente factible.

En los últimos tiempos, un mayor número de profesionales están practicando deporte, y creo que eso es muy positivo. Muchas empresas se han dado cuenta de esto y han instalado gimnasios en sus instalaciones para fomentar estos hábitos saludables entre sus colaboradores. En todos los sitios en los que he trabajado, siempre he sido muy favorable respecto a que se ofrezca este beneficio a los empleados, por las múltiples ventajas que ofrece. En el mundo corporativo, realizar deporte no debería considerarse nunca un gasto ni una pérdida de tiempo. Es una inversión para nosotros, para nuestros equipos y para la compañía.

Dicen que un líder debe liderar siempre con el ejemplo. En el tema del ejercicio físico y de la salud, para mí ocurre lo mismo. Explícitamente soy de los que llevan su bolsa de deporte (actualmente, con raqueta de tenis) a la oficina, para que la gente vea que sus jefes se cuidan. He visto alguna vez que hay quien se va de la oficina escondiéndose cuando sale pronto o cuando va a hacer ejercicio; pero a mí no me da ningún apuro salir con mi bolsa de deporte y decirles a todos que a las 18.00 tengo un partido de tenis. Si los empleados observan que como líder te cuidas, ellos también lo harán.

También hay que considerar cuestiones como las de seguir

una buena alimentación y dormir bien. Comer sano y equilibrado es igual de importante para tener salud. No hace falta que te hable de lo dañino que es el alcohol o el tabaco (por no hablar ya de otras drogas) o del abuso de cafeína que hacen muchos líderes. Personalmente, de lunes a viernes intento ser bastante estricto con lo que como, y, luego, en el fin de semana, sí que me permito algún capricho. Por ejemplo, una de las cosas que siempre pido a mi secretaria es que en todas las reuniones o comidas de trabajo a las que asisto siempre haya en el menú comida saludable (a saber, pescado a la plancha, fruta de prostre...). Puede parecer un poco exagerado, pero, para los altos ejecutivos, ésta es la única forma de llevar una dieta equilibrada.

En los triatlones debes realizar, en el menor tiempo posible, lo que se denominan las transiciones: el tiempo que inviertes en pasar de la natación a la bicicleta y, posteriormente, de ésta a la carrera a pie. Algo que aprendí de mi amigo Carlos Solans, socio en KPMG, es lo que él denomina «el descanso del guerrero». Similar a la transición del triatlón, ese descanso es como la transición (el momento de «*cool down*») que todos los profesionales necesitamos desde que acabamos de trabajar (ya sea desde que salimos de la oficina o desde la última teleconferencia) hasta que llegamos a casa y vemos a nuestra familia.

Como los futbolistas cuando juegan un partido importante, y aunque no nos demos cuenta, durante nuestra jornada laboral nos encontramos en tensión y tenemos pulsaciones más altas de lo normal. Carlos Solans dice que necesita unos treinta minutos desde que finaliza el trabajo hasta que está emocionalmente disponible para sus hijos o su mujer. Precisa de ese tiempo para ponerse cómodo y relajarse.

Quizá te habrá sucedido alguna vez que, justo después de finalizar una llamada de trabajo de camino a casa, entras por la puerta y te encuentras con tus hijos, que se te abalanzan para abrazarte. Reconozco que es la mejor sensación del mundo; pero, en esos momentos, no estás centrado al cien por cien en ellos, pues en la cabeza te rondan aún asuntos laborales. Creo que es muy útil respetar ese espacio de tiempo para bajar revoluciones y hacer la transición del profesional a la persona. A partir de ahí es cuando, al menos en mi caso, ya puedo dedicar tiempo de calidad a mis seres queridos.

Lo mismo ocurre con las horas de sueño y descanso. Con la edad tiendes a dormir menos, pero es imposible funcionar para la mayoría de los seres humanos si sólo descansas cinco o seis horas al día. Existen muchas guías que ofrecen recomendaciones para dormir mejor, y te aseguro que me han resultado muy útiles. Una de las sugerencias que me han ayudado es no trabajar justo antes de irme a la cama. Muchas veces, los directivos nos quedamos por la noche con el ordenador o el móvil leyendo correos electrónicos, y luego nos vamos a dormir. La calidad del sueño cuando se hace esto es significativamente menor. Desde hace algunos años, yo siempre dejo de trabajar al menos una hora antes de acostarme.

En los últimos años hemos sido testigos del papel fundamental de cuidar de la salud mental. Cada vez más, los líderes destinan parte de su tiempo a relajar su mente, con actividades como el yoga o el *mindfulness*. Personalmente, reconozco que no he conseguido conectar con este tipo de ejercicios cuando los he practicado, pero estoy convencido de que en el futuro serán una práctica habitual para muchos directivos. Dicen que, a veces, dedicar sólo un minuto a un breve ejercicio de *mindfulness* puede ser suficiente para mejorar tu bienestar emocional.

Ekki Kuppel me enseñó los distintos estados en los cuales puede estar nuestra mente, según el escritor Ned Herrmann. El estado delta es aquel en el que nuestro cerebro está más tranquilo, y desde donde mejor podemos conectar y tener empatía con los demás. En el estado theta, la mente, un poco más despierta, produce una mayor innovación y creatividad. El estado alfa es el que poseemos cuando necesitamos estar focalizados en algo, como, por ejemplo, leyendo un libro o viendo una película. El estado más agitado de nuestro cerebro es el denominado beta, en el que se producen entre quince y cuarenta ondas cerebrales por segundo, y que se da cuando trabajamos o hacemos *multitasking*. Alguien que está permanentemente en este último estado corre riesgo de agotarse y de no ser productivo.

Gráfico 9.1. ¿Qué tan ocupada está tu mente?

Fuente: Elaboración propia a partir de Ekkehard Kuppel.

En los últimos años, una de las prácticas que se han vuelto más comunes entre los profesionales es la de tomarse un tiempo sabático. En el pasado se habría percibido como una falta de compromiso con la empresa, pero actualmente son cada vez más las organizaciones que permiten este tipo de experiencias. Creo que tomarse un período sabático es algo valiente por muchas razones, por ejemplo, por la pérdida económica que supone o por la percepción que se puede generar dentro de la empresa o entre otros compañeros relacionada con una falta de compromiso. Personalmente, es una experiencia a la que, en determinadas circunstancias, le he visto un impacto muy positivo y para algunos profesionales incluso recomendable.

Conozco directivos que lo han hecho y que después, cuando han vuelto al mundo corporativo, han contado con más energía y ambición. También han vuelto con una forma de pensar diferente, pues han aprendido nuevas cosas de la vida, al disponer de tiempo para disfrutar de actividades que antes no hacían. Y, en todos los casos, volvieron mucho más felices.

En las nuevas generaciones, esto ya es una práctica frecuente, como tomarse el famoso *gap-year*; es decir, dedicar un año, justo antes de empezar la universidad, a viajar o realizar algún trabajo que te permita disponer de ingresos económicos para cumplir algún sueño o adquirir algo. Si muchos jóvenes ya lo experimentan antes de incorporarse al mundo laboral, estoy convencido de que será uno de los beneficios mejor percibidos a la hora de incorporarse a una compañía.

Otro tema importante en relación con el equilibrio personal y profesional es el de tomarse vacaciones, pero de verdad. Me sorprendió que en Estados Unidos, cuando empiezas a trabajar, normalmente el primer año no te las conceden. «No te las has ganado todavía», dicen. En mi opinión es imprescindible disponer, sobre todo en verano y a finales de año, de unos días para, como dice mi amigo Antonio Gómez-Tembleque, «desconectar para conectar». Nuestra mente no es una máquina, necesita descansar.

Sin embargo, mucha gente no disfruta de estos días, y creo que es un gran error; primero por el impacto a largo plazo en su salud, pero también por el ejemplo que das a tu equipo al ver que no desconectas. En mi caso, las vacaciones son sagradas para pasar tiempo de calidad con mi familia y mis amigos y para practicar mis aficiones. Además, lo hago de forma radical, hasta elimino el icono del e-mail del móvil para no caer en la tentación de mirarlo en algún momento. Para temas urgentes, mi equipo sabe que me puede enviar un mensaje de WhatsApp o SMS, pero, si no, estoy totalmente desconectado.

Te aseguro que no ocurre nada en una empresa por el hecho de que alguien se marche completamente de vacaciones. Hay ejecutivos que piensan que, si no están conectados todos los días, puede ocurrir algo grave o que se pierda algún negocio. Mi experiencia es que las corporaciones llevan una inercia y siguen funcionando perfectamente mientras cualquier profesional, durante un breve período de tiempo, se encuentra de vacaciones. Además, afortunadamente, las grandes compañías están diseñadas para que no haya nadie imprescindible. Si ocurre algo importante o inesperado, siempre te pueden llamar, pero insisto en que, especialmente en los períodos de vacaciones, raramente suceden estas cosas.

La vida, de vez en cuando, te pone en situaciones que ayudan a poner todo en perspectiva, y te aseguro que, entonces, el trabajo nunca se convierte en lo más importante. En los años en que trabajé en el área de Oncología, una de las cosas que hicimos fue lanzar al mercado un producto que llegaba a curar, en algunos casos, un tipo de leucemia en niños; entonces, al hablar con los padres de esos niños, te dabas cuenta de que existen cosas mucho más importantes que una cuota de mercado o conseguir un objetivo de ventas.

Me impactó mucho la muerte de mi amiga Ana Longoria, una persona que trabajó en mi equipo en España y que posteriormente desarrolló una carrera internacional extraordinaria, hasta llegar a ser directora general de Novartis en México y, posteriormente, también de Brasil. Ella llevaba toda una vida esforzándose y haciendo sacrificios, con una familia y dos hijos maravillosos, y de repente todo saltó por los aires. Fue increíble cómo vivió sus últimos meses, con compasión, empatía y con una profunda fe en Dios.

En este tipo de situaciones extremas de la vida me he encontrado con dos enfoques:

- **Directivos que deciden dejar de lado su trabajo** y aprovechar sus últimos meses haciendo lo que más les gusta o compartiéndolos con sus seres queridos.
- **Profesionales que se aferran más que nunca a su trabajo**, como vía de escape para desconectar de la terrible situación por la que están transitando.

Afortunadamente no me he encontrado en esta situación, por lo cual no puedo juzgar qué enfoque puede ser el más acertado. Lo dejo para que el lector realice su propia reflexión.

Lo que sí he aprendido es que hay que aprovechar la vida al máximo, porque sólo hay una. Tener ganas de vivir, compartir, disfrutar la vida con la familia, los hijos, los amigos..., eso sí cuenta. No sabes cuándo este viaje vital en el que nos encontramos puede finalizar.

Por eso es importante poseer desafíos y pasiones fuera del mundo laboral. Seguro que conoces ejemplos de gente cuya vida es sólo su trabajo. Lo que he aprendido es que las cosas más importantes de la vida van más allá de las empresas. El amor, la familia, los hijos, la salud..., todo ello está fuera de tu espacio laboral.

Este tipo de personas muy centradas en el trabajo tienden a magnificar todo lo que les ocurre en sus compañías, ya que «son su vida». No son capaces de desconectar. Cuando, por alguna circunstancia, sufren un fracaso o una decepción, les impacta más que a las personas que poseen pasiones fuera. El trabajo es muy importante, y en mi caso probablemente le dedico demasiadas horas, pero poseo una familia maravillosa y múltiples aficiones, y eso me ayuda a relativizar los problemas laborales.

Por ejemplo, a nivel personal, en 2012 nació mi hija Violeta y en 2017, mi hijo José, que me han robado el corazón y son lo que más disfruto. A nivel deportivo, en 2001 empecé a practicar un deporte espectacular, el *kitesurf*, y, años más tarde, inicié mi entrenamiento para correr la maratón de Nueva York. En 2015 me propuse completar un Ironman, y recientemente he aprendido a jugar al tenis, que hoy es el deporte con el que más me divierto.

Como ves, por un lado, me he fijado retos para estar siempre aprendiendo algo nuevo y, por otro lado, me he obligado a tener motivaciones más allá de mi trabajo. Esto me ha ayudado a gozar de una vida equilibrada, ya que, para dar lo mejor a mi familia y entrenar para este tipo de deportes, debo descansar bien, llevar una dieta saludable y hacer ejercicio frecuentemente.

Una de las cosas que me gustan es charlar con líderes que admiro y que están a punto de retirarse. Cuando les pregunto qué habrían hecho diferente si pudieran volver atrás, ¿sabes lo que me suele decir la mayoría?: haber pasado más tiempo con su familia y sus amigos. Así que aprovecha ahora el tiempo que pasas con ellos. En el futuro también te convertirás en «padre de tus padres», es decir, pasarás de que tus progenitores te cuiden a tener que encargarte tú de ellos. Acuérdate de esto para disfrutarlos al máximo ahora que todavía están contigo.

Si no estás feliz con algo, cámbialo. Al menos en una de las dos vidas que tenemos, la personal y la profesional, debes ser feliz. La magia acontece cuando posees las dos completas, pero al menos hay que tener una en la que te sientas realizado. Si no, te sentirás desgraciado e infeliz toda tu vida. Rafa Nadal dice que «la verdadera gloria no es ganar torneos, sino ser feliz, disfrutar cada día entrenando e intentando ser mejor jugador que antes». Lo mismo es válido para los ejecutivos.

Existen muchos estudios que demuestran que la felicidad es tremendamente contagiosa, incluso entre amigos, familias y equipos de trabajo. Las personas felices irradian felicidad a los que interaccionan con ellas. Si tú eres feliz, harás feliz a los que te rodean. Esto es algo que tenemos en común todos los seres humanos, queremos ser felices. La gente que más contenta he visto en el trabajo es aquella que siente que está haciendo algo grande para la sociedad y para su empresa. Son gente que siente que está ayudando a los demás y que es reconocida por su contribución.

En su libro *El fin de semana de siete días*, Ricardo Semler explica que, con la aparición de las nuevas tecnologías, los dispositivos móviles y el teletrabajo, la frontera entre la vida profesional y la personal se ha convertido en algo mucho más difuso. Su opinión es que en el futuro se interconectarán mucho más ambos mundos, dejando atrás el paradigma de «de lunes a viernes, trabajo» y «sábado y domingo, descanso». Así, se pasaría a un *continuum* de lunes-domingo, en el que un profesional debería tener la habilidad de pasar de un mundo a otro indistintamente según el contexto o sus necesidades. Para ello resulta clave ser feliz en tu trabajo, porque, en otro caso, sería imposible de gestionar.

Utilizando la misma analogía del triángulo para el modelo de liderazgo estratégico que vimos en el capítulo 4, respecto al equilibrio personal y profesional utilizo el modelo del *I*, el *we* y el *it* ('yo', 'nosotros' y 'ello', respectivamente) que Mckinsey & Company definió hace unos años.

Gráfico 9.2. Balance personal y profesional

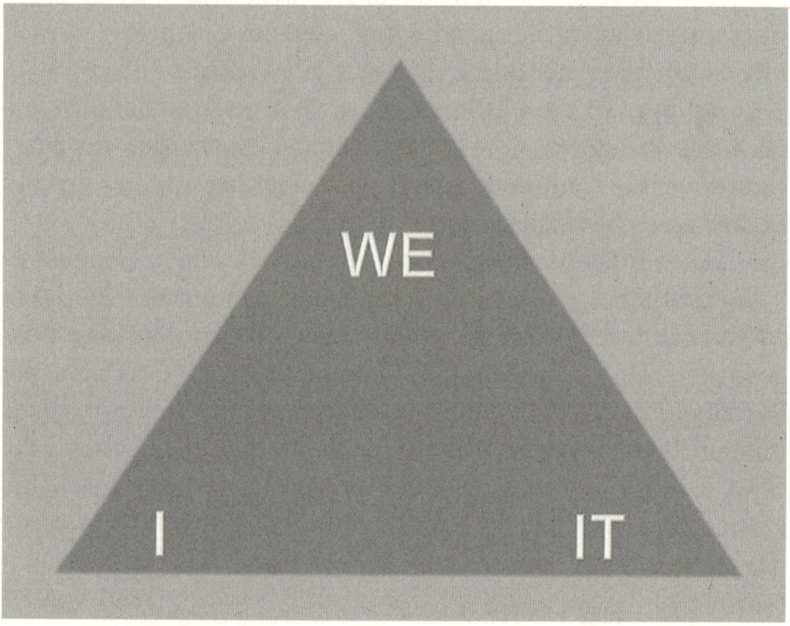

Fuente: Elaboración propia.

El *it* ('ello') es mi trabajo, aquello a lo que dedico una parte importante de mi vida. Tengo la suerte de hacer lo que me gusta y de poder combinar mi propósito personal con el profesional. Me encanta aprender, ser curioso y explorar cosas nuevas. Sueño con conseguir cosas que nadie haya logrado jamás y con llevar a mis equipos hasta donde ni ellos mismos podían imaginar. Me ocupo de hacerlos crecer y de que hagan crecer a la empresa.

El *we* ('nosotros') son mi familia y mis amigos. Mi prioridad en mi vida son mis hijos y mi familia, a los que probablemente debería dedicar más tiempo. También disfruto mucho con mis amigos —sobre todo con Juan Vicente Hoyo, que es mi mejor amigo—, aunque no los veo todo lo que quisiera.

El *I* soy 'yo'. En mi caso, lo que más me gusta es el deporte, sobre todo últimamente el tenis. A cada uno le gustan unas cosas distintas (viajar, leer...), pero, sea cual sea tu preferencia, es recomendable disfrutar de tus aficiones.

Un buen equilibrio personal y profesional se da cuando se

combinan estas tres dimensiones. No creo que exista el equilibrio perfecto (por ejemplo, dedicarle un 33 por ciento de tu tiempo a cada pilar), sino que depende del contexto de cada uno o del momento profesional o personal en el que te encuentres. Como decía, no existe un líder de éxito que no disponga de un buen equilibrio entre las tres dimensiones, o los tres pilares.

Lo que hago cada semana es reflexionar sobre cuánto tiempo he pasado en cada pilar; si veo alguna descompensación, lo intento ajustar la semana siguiente. Por ejemplo, si una semana el *it* es casi del 80 por ciento, la semana siguiente intento pasar más tiempo con mi familia o practicar más deporte (el *we* y el *I*). Te invito a hacer esta reflexión semanal; es importante ser consciente de a qué le estás dedicando el tiempo, y si eso está ligado a tus prioridades en la vida y tu propósito.

Ideas fuerza del capítulo 9: Equilibrio de la vida profesional y personal

- **No conozco ningún directivo de éxito que no lleve una vida equilibrada**. Es imposible dar energía a tu equipo si no cuidas tu alimentación, descanso y ejercicio físico.
- **En el liderazgo infinito, la responsabilidad social de las empresas con sus empleados incluirá también su bienestar físico, psíquico y emocional**. Un concepto que se denomina salud ampliada y al que creo que todas las compañías prestarán una mayor atención en el futuro.
- En este equilibrio personal y profesional, **sugiero encontrar un equilibrio en la vida entre lo que se denomina el *it* (el 'ello', o tu trabajo), el *we* (el 'nosotros', o tu familia y tus amigos) y el *I* (el 'yo')**. Es importante analizar qué cantidad de tiempo inviertes en cada uno de estos tres pilares, ya que sólo entonces podrás actuar en consecuencia y ajustar tu agenda si es necesario.
- **Es importante liderar también este aspecto con el ejemplo**. Si los demás ven que te cuidas, ellos también lo harán.

Conclusiones

> La mayoría de nuestros miedos y preocupaciones nunca suceden.
>
> DAN MACMILLAN, diseñador

El modelo de liderazgo actual está obsoleto y no es sostenible. Las empresas necesitan ser valientes y apostar por nuevos líderes, por personas que sueñen con lograr lo que hasta ahora parecía imposible, que creen impacto más allá de sus organizaciones y desarrollen el talento de quienes los rodean. Se precisan líderes que creen nuevos líderes, no subordinados a su servicio. La función del líder es servir, y no servirse.

En el futuro se necesitarán ejecutivos que inspiren desde un propósito que cree valor para la sociedad, con una mirada eco-sistémica (y no ego-sistémica) de su gestión en un mundo cada vez más global e interconectado. Recibirán cada vez más complejidad y el reto será devolver simplicidad. Todo ello se debe dar a través de culturas empresariales que fomenten la innovación y el empoderamiento de sus empleados para que puedan desarrollar todo su potencial y consigan mejores resultados que sus competidores.

Resumen de *Liderazgo infinito*

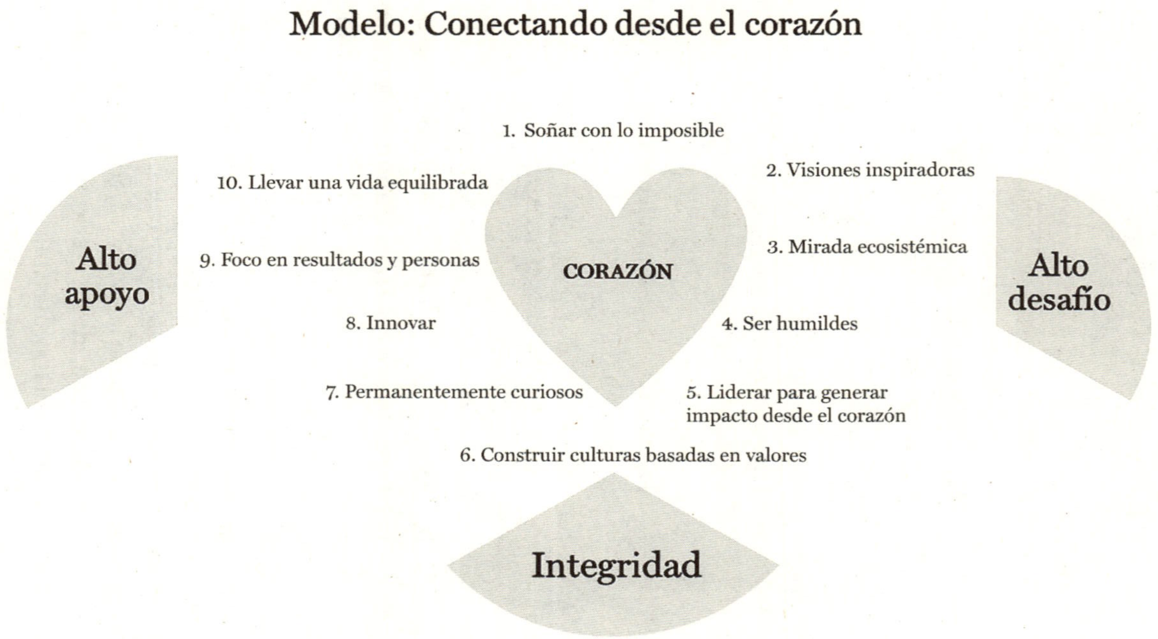

Fuente: Elaboración propia.

Serán directivos que sean capaces de liderar con éxito al mismo tiempo el negocio, sus organizaciones y a ellos mismos. Serán personas con una necesidad insaciable de aprender, desaprender y reaprender, fomentando la curiosidad en todos los niveles de su empresa.

Habrá un tipo de liderazgo que conectará desde el corazón, desde la emoción, y no tanto desde la razón, ya que es en esa dimensión emocional donde se generan un vínculo y una confianza más fuertes entre las personas. Esto es lo que posteriormente permite motivar y crear verdaderos equipos de alto rendimiento.

Se precisan líderes que aspiren a dejar un legado que los transcienda y que perdure en el tiempo, independientemente de la organización en la que se encuentren; líderes que recuperen los valores del humanismo, como la empatía o la escucha activa, siendo siempre tremendamente éticos, auténticos y humildes.

Sobre todo en las grandes corporaciones, se necesitarán profesionales que asuman riesgos, sin miedo a cometer errores y, por tanto, aceptando el fracaso; personas que sean «intraemprendedoras» y con un alto nivel de ambición, que se conozcan bien a sí mismas, que identifiquen sus fortalezas y debilidades a fin de estar siempre creciendo y, por tanto, haciendo crecer a sus equipos y a sus organizaciones. Todo ello, además, llevando una vida proporcionada, con un buen equilibrio personal y profesional, y ocupándose de la salud ampliada de sus colaboradores.

En este libro he querido reflejar lo que significa, en mi opinión, ser un líder del siglo XXI. He hablado de ese «liderazgo infinito» que conectará desde el corazón, creando valor más allá de la tecnología, un modelo de liderazgo que contiene las características más importantes que destacarán en los líderes de éxito del futuro. Probablemente, nadie conseguirá ser excepcional en todas ellas, pero lo importante es trabajar cada día para mejorar y aspirar a alcanzar tu mejor versión, aquella de la que, cuando dentro de unos años mires atrás, tu familia, tus amigos y tú mismo os podáis sentir orgullosos.

A través de mis aprendizajes y experiencias, cuyo reflejo en este libro espero que hayan sido de utilidad, confío en poder ayudarte a convertirte en un mejor profesional, pero, sobre todo, en mejor persona, en este camino infinito que es el liderazgo.

Deseo que este libro perdure en el tiempo y que inspire a las futuras generaciones de líderes a crear un mundo mejor. Si lo consigo, habré hecho realidad mi propósito de desarrollar líderes para mejorar el mundo. Te animo a encontrar el tuyo.

Basilea (Suiza), junio de 2024

Bibliografía

Berenguer, Iñaki, «Desired traits that make entrepreneurs investable and proxies to asses them», artículo de LinkedIn, septiembre de 2023.

Borracchia, Carolina, *Los jóvenes no sueñan con compañías*, libro digital, Argentina, 2016.

Burkus, David, «For leaders, looking healthy matters more than looking smart», *Harvard Business Review*, enero de 2015.

Carnegie, Dale, *Cómo ganar amigos e influir en las personas*, Editora y Distribuidora Hispano Americana, Madrid, 2008.

Collins, Jim, *Good to great: why some companies make the leap... and others don't*, Random House Business, Estados Unidos, 2001.

Cornella, Alfons, *Curiosidad: la lujuria de la mente*, Curiosity Atelier (web y autoedición), 2023.

Covey, Stephen R., *Los 7 hábitos de la gente altamente efectiva*, Paidós, Barcelona, 2015.

Cubeiro, Juan Carlos, *La sensación de fluidez: desarrollo del liderazgo en todos los sentidos*, 2.ª ed., Pearson Prentice Hall, Madrid, 2001.

Finkelstein, Sydney, «Great leaders are great teachers», *Harvard Business Review*, enero de 2018.

Frei, Frances; y Morriss, Anne, *Move fast and fix things: the trusted leader's guide to solving hard problems*, Harvard Business Review Press, Estados Unidos, 2023.

Frisch, Bob, «Who really makes the big decisions in your company?», *Harvard Business Review*, diciembre de 2011.

Gabarro, John; y Kotter, John, «Managing your boss», *Harvard Business Review*, enero de 2005.

García Cantero, Jaime, «Constructores de utopías que conquistan el mundo», *El País*, 27 de junio de 2021.

Goldsmith, Marshall, *What got you here won't get you there*, Profile Books, Inglaterra, 2007.

Goleman, Daniel, *La inteligencia emocional*, Kairós, Barcelona, 1996.

Graf, Markus, «Human capital ESG is not a nice-to-have, it's the foundation of successful companies», artículo en LinkedIn, 2023.

Gratton, Lynda; y Scott, Andrew, *La vida de 100 años: vivir y trabajar en la era de la longevidad*, Versus, Bilbao, 2017.

Guerra, Néstor; Marcilla, José; Linares, Laura; y Chalumeau, Marion, «Caso: ¿Cómo generar una cultura innovadora? Aprendizajes del Programa Atomik de Novartis», *Harvard Deusto*, julio de 2022.

Henley, William Ernest, «Invictus», poema, 1888.

Kaiser, Robert B.; Chamorro-Premuzic, Tomás; y Lusk, Derek, «Playing office politics without selling your soul», *Harvard Business Review*, abril de 2017.

Kim, W. Chan; y Mauborgne, Renée, *La estrategia del océano azul*, RBA, Barcelona, 2007.

Kuppel, Ekkehard, «Have you started to climb your Second Mountain?», Sum People (web), 30 de abril de 2019, <https://www.sumpeople.ch/2019/04/have-you-started-to-climb-your-second-mountain/>.

Lafley, A. G.; y Martin, Roger L., *Playing to win: how strategy really works*, Harvard Business Review Press, Estados Unidos, 2013.

Lieberman, Matthew, «Should leaders focus on results, or on people?», *Harvard Business Review*, 27 de diciembre de 2013.

Lytkina, Elena; Rosenkoetter, Kim; Kincaid, Stephen; y Wang, Dina, «What sets successful CEOs apart», *Harvard Business Review*, mayo de 2017.

Mandela, Nelson, *El largo camino hacia la libertad*, Suma de Letras, Madrid, 2004.

Marcet i Gisbert, Xavier, *Crecer haciendo crecer: el secreto de las empresas consistentes*, Plataforma Editorial, Barcelona, 2021.

— «Crecer haciendo crecer», *La Vanguardia*, 28 de noviembre de 2021.

— «La fatiga del cambio», *La Vanguardia*, 20 de abril de 2022.

Mehrabian, Albert, *Silent messages: implicit communication of emotions and attitudes*, 2.ª ed., Wadsworth Publishing Co., Estados Unidos, 1981.

O'Relly, Charles; y Tushman, Michael, «The ambidextrous organization», *Harvard Business Review*, abril de 2004.

Pink, Daniel, *La sorprendente verdad sobre qué nos motiva*, Gestión 2000, Barcelona, 2010.

Pisano, Gary, «The hard truth of innovative cultures», *Harvard Business Review*, enero de 2019.
Quinn, Robert; y Thakor, Anjan, «Creating a purpose driven organization», *Harvard Business Review*, julio-agosto de 2018.
Reeves, Martin; Goodson, Bob; y Whitaker, Kevin, «The power of anomaly», *Harvard Business Review*, julio de 2021.
Rossman, John, *Piensa como Amazon*, Planeta Audio, Barcelona, 2020.
Semler, Ricardo, *El fin de semana de siete días: no dejes que tu trabajo se adueñe de tu vida*, Ediciones del Bronce, Barcelona, 2005.
Sinek, Simon, *El juego infinito*, Empresa Activa, Barcelona, 2020.
Vergara Correa, Orlando, *ELM: Ecosystems Leaders Mindset*, ed. de autor, Perú, 2023.
Watkins, Michael D., «How managers become leaders», *Harvard Business Review*, junio de 2012.
— *The first 90 days: proven strategies for getting up to speed faster and smarter*, Harvard Business Review Press, Estados Unidos, 2013.
Wiersema, Margarethe; y Mors, Marie Lousie, «How women improve decision-making on boards», *Harvard Business Review*, 17 de noviembre de 2023.

Otras referencias

12 hombres sin piedad (1957), película dirigida por Sidney Lumet, con Henry Fonda, Lee J. Cobb y Ed Begley.
El último samurái (2003), película dirigida por Edward Ziwick, con Tom Cruise y Ken Watanabe.
Simeone: vivir partido a partido (2022), serie documental dirigida por Jesús Marcos, para Prime Video (Amazon).
Titanic (1997), película dirigida por James Cameron, con Leonardo DiCaprio y Kate Winslet.
Top Gun: Maverick (2022), película dirigida por Joseph Kosinski, con Tom Cruise, Miles Teller y Jennifer Connelly.

Impreso en Huertas Industrias Gráficas, S. A.
Polígono Industrial El Palomo, nave 21
28946 Fuenlabrada (Madrid)